AF313873

SCIPION
OV LE
PARFAIT
ROMAIN.

SCIPION

OV
LE PARFAIT
ROMAIN.

DEDIE A SON ALTESSE
MONSEIGNEVR LE DVC
DE LONGVEVILE.

PAR MONSIEVR DE LA SERRE,
Conseiller du ROY en ses Conseils d'Estat, &
Historiographe de France.

A PARIS,

Chez Antoine de la Perriere, ruë neufue des Porées,
à l'Escu de France.

M. DC. LI.

A SON ALTESSE
MONSEIGNEVR LE DVC
DE LONGVEVILE.

ONSEIGNEVR,

QVAND j'aurois la vanité de me perſuader que cét ouurage s'eſt aquis de la reputation en ſe faiſant lire, il faudroit toujours auoüer que cét honneur n'a fait que paſſer, auec le temps qu'on a employé à ſa lecture, Ce qui m'oblige de le dedier à V. A. puis qu'en luy redonant le jour ou ie le mets, elle en peut rendre la lumiere eternelle. En effet, MONSEIGNEVR, comme voſtre Nom porte ſon eternité auec luy, ie n'ay point de peine à croire que mes veilles partageront la felicité de ſon deſtin, aprez auoir eu le bon heur de luy eſtre conſacrées. De repreſenter la gloire que vous meritez ſous l'image de celle que vos Anceſtres ont remportée, ce ſeroit vous depeindre en pourfil, & cacher ce que vous auez de plus beau à l'ombre de vous meſme : Ie veux qu'on admire V. A. par ſes eminentes vertus, puis que leur pratique eſt la ſeule ouuriere de ſa grandeur. Ce n'eſt pas que l'éclat des belles actions de vos Ayeux, rejaliſſant à plain ſur vous, ne rehauſſe la lumiere qui vous enuironne; mais comme vous rendez leur memoire d'autant plus

A ij

pretieufe que la voftre eft immortelle, on eft contraint de confeffer que vous leur redonnez auec auantage, celuy que vous receuez d'eux, & que de mefme que la beauté de la fleur nous fait connoitre le prix de fa tige, voftre merite extraordinere nous marque de nouueau l'eftime particuliere qu'on doit faire du leur. Ceux qui metent en auant que les heureufes inclinations font des Aftres benins qu'influent les felicitez dont noftre vie eft comblée, iuftifient leur opinion par voftre exemple, fi les loüables habitudes que vous auez contractées dés le berceau, vous ont rendu maiftre de la Fortune, en vous éleuant au deffus d'elle, par la force de voftre efprit, pluftoft que par celle de voftre condition : d'où vient que vous auez tiré voftre bon-heur de vos difgraces, apres auoir engagé la voix publique à plaider fi haut vos interets, que tout le monde enfemble en a fait le fien. C'eft elle qui m'aprend MONSEIGNEVR, que voftre pieté fe rend exemplere par fon action continuelle, quoy qu'elle cherche le iour dans les tenebres : que voftre prudence en feruant de guide aux plus fages, nous montre les voyes qu'il faut prendre pour le deuenir : que la valeur qui eft née auec vous n'a pas befoin d'objet pour émouuoir fa puiffance, puis qu'elle tire fon ardeur d'vn feu qui ne s'eteindra jamais, & que voftre conftance, apres s'eftre renduë auffi illuftre que voftre Nom dans vos malheurs, leur a donné mille enuieux pour partager fes couronnes. Toutes ces perfections MONSEI-GNEVR, m'ont perfuadé, dans les conuenances qu'elles ont auec celles de ce fameux Romain, de vous en offrir l'Hiftoire, comme vne glace de miroir, qui fans flater ne peut reprefenter que V. A. puis que fans flaterie, elle feule me paroit fans defaut. Scipion fut la merueille de fon temps V. A. eft l'ornement de noftre fiecle; il a toujours vaincu fes ennemis, vous auez toujours triomphé de vos paffions : la Calomnie le iuftifia en l'accufant, l'Enuie a donné vn nouuel

éclat à voftre reputation, en la voulant noircir : il cherchâ
enfin fon repos à l'ombre des lauriers qu'il auoit cueillis de fa
propre main, n'ayant plus de gloire à pretendre, vous treuuez aujourd'huy voftre felicité à l'abri des palmes qui entou-
rent voftre tefte, n'ayant plus d'honneur à fouhaiter; &
comme des loüanges que la Renomée donne à ce Heros, on
peut faire le Panegyrique de V. A. ie fuis fort aife de l'auoir
commencé dans ce deuoir que ie luy rends, fans craindre
qu'vn autre l'acheue, puifqu'on n'en fçaúroit voir la fin; C'eft
la creance

MONSEIGNEVR,

De fon tres-humble & tres-
obeyffant feruiteur,

PVGET DE LA SERRE.

Où peut on trouuer son pareil,
Sa valeur n'eut point de seconde:
Et de mesme que le Soleil
Son Renom tous les jours faisoit le tour du Monde.

SCIPION

OV

LE PARFAIT

ROMAIN.

E Pere de Scipion l'Africain, de la fameufe race des Corneliens, fut le premier Capitaine Romain qui s'opofa aux deffeins d'Hannibal, lors qu'il étoit déja entré victorieux dans l'Italie. Sa vie & fa mort furent également admirables; puis qu'apres auoir remporté en Efpagne beaucoup de victoires, & eternifé fon nom en mille autres lieux, par autant de glorieufes actions, il fut tué dans vne Bataille : mais en mourant il reçeut cette derniere fatisfaction, d'auoir autant de témoins de fon courage, qu'il auoit vaincu d'ennemis. Quelques jours apres, fon frere Cornelius Scipion ayant acquis vne pareille renommée, encourut vn mefme fort: Et à n'en mentir point, ces deux grands Capitaines laifferent apres eux vne memoire fi precieufe, non feulement de leur valeur dans les combats, mais encore de mille autres vertus en l'exercice des plus grandes charges, que leurs Noms eftoient auffi celebres aux pais eftrangers que parmy les Romains.

Cornelius Scipion eut vn fils qu'on apelloit Cornelius Nafica, qui

A

fut digne du Confulat & de l'honneur du Triomphe ; il fut choifi de
l'Oracle , comme le plus jufte de tous , pour receuoir la Mere Idæa.
Publius Scipion fon frere eut deux fils ; l'vn furnommé Afiatique , pour
auoir fubjugué l'Afie ; & l'autre l'Africain , pour auoir conquis l'Afrique
en cette fameufe Bataille qu'il gaigna contre Hannibal & les Carthaginois. Ses faits nonpareils , & tous dignes d'vne memoire eternelle , ont
defia veu le jour fous differentes langues , pour animer les Grands
Monarques à deuenir plus Grands encore en les imitant. Mais comme
l'on ne fe peut laffer de lire vne vie toute pleine de merueilles , celle-cy
qui n'a rien de commun , ne fçauroit vous ennuyer.

Scipion l'Africain inftruit & éleué fous la conduite de fon Pere , fit
bien toft voir par fes belles actions qu'il auoit eu vn bon exemple. Son
enfance fut de fi courte durée , qu'à peine fa Nourrice en pût conter les
jours ; & ceux de fon adolefcence s'écoulerent encore fi vîte , que fes
compagnons de iûneffe , le mecognoiffant à toute heure à force de
raifonnement , étoient contraints à luy fauffer compagnie pour fe
diuertir en des entretiens moins ferieux. Dés l'âge de dix-fept ans il fut
mené au Camp durant la feconde guerre Punique ; où en diuerfes
rencontres il acquit tant d'honneur , que fon Pere méme l'en eut loüé
hautement , s'il eut eu bonne grace à luy donner des loüanges. Il étoit
adroit en toutes chofes , d'vne forte complexion dans les trauaux ; &
comme fon efprit pareffoit de méme trempe que fon courage , fi l'vn luy
fourniffoit de hautes penfées , l'autre luy facilitoit les moyens de les
executer. On dit qu'en la Bataille des gens de cheual que donna Publius
Cornelius Conful , aupres de la riuiere de Tefin à Hannibal , Scipion y
fut prefent ; & que fon Pere bleffé eut couru hazard d'eftre pris fans fon
affiftance particuliere , l'ayant fecouru fort à propos ; mais auec plus de
valeur toutefois que de fortune.

Que ne fit-il pas en fuite dans la Bataille de Cannes , où l'Empire
Romain fut menacé de ruïne , lors que les dix mil hommes qui s'étoient
retirez à Canufium le choifirent pour compagnon d'Appius Pulcher , à
qui ils auoient donné le gouuernement de l'Armée? A méme temps qu'il
fçeut qu'vne troupe de iûnes gens auoient deffein d'abandonner l'Italie ,
il fe jetta au milieu deux l'efpée à la main , & fe feruant à propos de fon
eloquence , apres auoir fait parétre fon courage , leur fit changer de
refolution , & préter nouueau ferment de fidelité : témoignant de la
forte par le mépris de fa vie , & par la force de fes raifons , qu'il ne cherchoit fon falut que dans celuy de la Republique.

Ces glorieufes actions produites en vn âge qui deuançoit leur faifon ,
comme étant auffi judicieufes que confiderables , le mirent en fi grande
eftime parmy le peuple , qu'il luy offrit les plus grands emplois : & mémes

ayant témoigné de pretendre à la charge d'Ædile, au prejudice des Loix qui le defendoient à sa iûnesse, il l'emporta d'vne commune voix, & fit voir à méme temps qu'il possedoit des qualitez, dont la moindre l'éleuoit au dessus de toutes celles qu'on luy pouuoit donner pour accroistre sa fortune.

Apres la mort de son Pere & de son Oncle, tous deux tuez aux guerres d'Espagne, le peuple Romain se treuuant en peine d'élire vn Capitaine qui pût succeder dignement à la Renommée de ces deux grands Personnages dans vn employ de telle importance, les plus ambitieux d'honneur n'oserent jamais pretendre à cette charge; considerant la grandeur du peril par la grandeur du merite de ceux qui n'en auoient pû éuiter le dommage. Mais en cette extremité, Scipion s'ofrit seul genereusement au public, comme vn victime, auec resolution de courre la méme fortune que ses Ancétres, ayant vn pareil employ; ou de venger leur mort, pour s'en exempter, ayant vn semblable courage. Ce qui fut pris de si bonne part de tout le monde ensemble, que d'vn commun consentement la charge de Vice-Consul en Espagne luy fut donnée. Toutesfois les Senateurs considerant sa iûnesse, l'experience & la reputation des Capitaines qu'il auoit à combatre, tindrent leur jugement en suspens, auant qu'authoriser ce decret; & à leur exemple chacun se treuuoit déja disposé à changer de volonté. Voicy la harangue qu'il fit pour les confirmer dans la premiere opinion qu'ils auoient prise.

HARANGVE DE SCIPION
DANS LE SENAT.

Souuerains protectevrs et peres trescher de la repvbliqve, Vostre etonnement me rendroit confus, & vostre silence muet, dans le repentir, où il semble que vous étes, de m'auoir honoré de la charge de Vice-Consul en Espagne; si les Dieux, qui vous en ont inspiré le dessein, ne me donnoient à mesme temps la hardiesse de vous asseurer que mes armes seront victorieuses. Il est vray que ie suis fort iûne, mais à mon âge Alexandre auoit gaigné plus de batailles qu'Hannibal n'a eu dessein d'en donner. I'ay fort peu d'experience, ie le confesse; mais comme en cela la Nature peut deuancer le Temps, & que d'ailleurs la Fortune & le courage sont les seuls maistres d'echole qui aprenent l'art, & de vaincre & de triompher: ie dois tout esperer, & vous ne deuez rien craindre; encore que mon Pere & mon Oncle, de precieuse memoire, comme immolez, pour le salut de la Republique, ayent eu autant de mal-heur, que de prudence en leurs dernieres entreprises; leur disgrace ne conclud pas à vous persuader que ie seray mal-heureux: s'ils ont esté vaincus, le bruit de leur défaite m'appele au Triomphe. Qui peut faire sortir du tombeau la gloire de ces deux Scipions, qu'eux mémes? & comme i'en suis le portrait viuant, leurs cendres couuent le feu dont vous me voyez animé pour embrazer Carthage. Tellement que mon Pere & mon Oncle recommençant de nouueau leur carriere dans celle de ma vie, combatront auec moy; estans si presens à mon courage, que ie forceray nos ennemis à douter de leur trépas. Et apres tout, la voix de leurs Manes troublant sans cesse mon repos, il faut que ie sacrifie au leur tous les Carthaginois ensemble: Et ie vous en promets la défaite, puis que les Dieux sont justes.

Délors que Scipion eut ouuert la bouche pour plaider sa propre cause, son eloquence vainquit de plus puissans ennemis dans le Senat, que sa valeur n'en pouuoit défaire dans les Armées: De sorte qu'en luy donnant vne seconde fois la charge de Capitaine, on douta plûtost de son bon heur que de sa sagesse. A n'en mentir point, il auoit des qualitez qui l'éleuoient sur le commun, & qui le rendoient sans pareil, méme parmy ses compagnons: Car tous ceux qui étoient de sa volée n'auoient pas l'apuy de sa vertu pour acquerir vne semblable reputation; & moins encore la beauté & les graces dont la nature auoit orné son corps pour se faire aymer sans resistance. Ce qui obligeoit le peuple à l'estimer si particulierement, que les loüanges qu'on luy donnoit n'étoient propres qu'à sa seule personne. Et en effet, comme la moindre de ses vertus étoit aussi grande que son courage; en vn méme temps il se faisoit aymer de ses Citoyens, craindre de ses ennemis, & admirer de tous les peuples estrangers. Aussi disoit-on de luy qu'il auoit esté instruit en l'échole des Dieux, ayant remarqué cette coûtume qu'il pratiquoit souuent apres qu'il eut pris la robe virile, de monter tous les matins au Capitole, & entrer seul au Temple pour y faire en secret ses Sacrifices: d'où procedoit cette commune opinion qu'il aprenoit des sciences occultes & pleines de mysteres, de méme que Numa Pompilius, qui selon les sentimens du peuple auoit esté instruit par la Nymphe Ægeria. Et comme en cela ses actions toutes d'exemple le persuadoient continuellement aux plus incredules; eux mémes à la fin, à force d'admiration, joignoient leurs voix à celle du peuple, ne pouuant démentir vne creance si commune qui passoit pour verité.

Scipion partit d'Italie accompagné d'vne Armée de dix mil hommes de pied, & fit voile en Espagne auec vne flote de trente galeres, toutes à cinq rames pour banc. Il prit terre à Emporia, & s'en alla auec son

Armée

Armée jufques à Tarraconne, où ayant fait affembler les principaux du païs fur le fujet de fon voyage, il y reçeut honorablement les Ambaffadeurs, & leur donna vne audiance fi fauorable, que tout s'en retournerent fort fatisfaits.

Il jugea en fuite qu'il étoit à propos de joindre à fon Armée le refte des vieilles Bandes qui fe treuuoient encore fur pied, par la bonne conduite de L. Martius: Car la mort de fon Pere & de fon Oncle ayant reduit les affaires d'Efpagne jufques à l'extremité, & caufé la déroute des legions Romaines, ce Cheualier Romain auoit ralié le demeurant des deux Armées défaites; & fi heureufement, qu'auec leur force & fon induftrie, il auoit continué de faire la guerre jufques à priuer les vainqueurs de l'honneur du Triomphe. Tellement que Scipion fit faire montre à cette Armée; mais en loüant les Soldats de leur affection enuers la Republique, il fe rendit fi loüable enuers eux-mémes, qu'il leur gaigna le cœur auant qu'ils euffent moyen de luy offrir. Certes ils ne pouuoient fe laffer de l'admirer, tant fa bonne mine, jointe à la gloire de fon nom fi celebre, auoit d'apas pour les charmer.

Il careffa auffi extremement en particulier L. Martius, & luy fit de grands honneurs, comme à vne perfonne dont la vertu fe pouuoit égaler aux importans feruices qu'il auoit rendus à la Republique. Délors que l'Hyuer fut paffé, il tira fon Armée hors des garnifons, auec deffein d'aller affieger Carthage la Neuue, comme vne ville la plus riche d'Efpagne, & qui luy eftoit fort neceffaire pour faire la guerre à fes ennemis, & par terre & par mer. D'ailleurs, il étoit informé que les Capitaines Carthaginois auoient laiffé en garde toutes leurs richeffes dans cette ville-là, comme bien munie; & que mémes ils s'étoient écartez en diuerfes contrées, afin que le païs en fut moins ruïné: ne pouuant s'imaginer apres tant de victoires, que Scipion eut la hardieffe de l'affieger.

Ils fçeurent bien toft pourtant qu'elle étoit affiegée de tous coftez, & que le Capitaine qui étoit deuant n'auoit pas feulement la hardieffe de l'ataquer, mais encore la refolution de la prendre. Il eft vray que de cette entreprife le fuccez en pareffoit d'abord impoffible, ou du moins extremement penible & de longue durée; tant pour la force de la ville en fon affiette & en fes murailles, que pour le nouuel apuy du grand nombre de Soldats dont elle étoit peuplee. Mais comme il n'eft point de place aujourd'huy, quelque forte qu'elle foit, qui fe puiffe dire imprenable; que la guerre a fes ftratagemes, de mémes que fes Soldats; & que d'ordinaire dans les plus grands deffeins l'induftrie paracheue les ouurages que la valeur a commencez. Scipion fe feruit fi heureufement en cette rencontre-là, & de l'vn & de l'autre; ie veux dire de fon courage pour

entreprendre vn fiege fi important, & de fon efprit pour y reüffir felon
fon attente : qu'ayant pris garde que l'étang qui feruoit de foffé d'vn
cofté aux murailles de la ville étoit gayable en baffe marée, il refolut de la
faire efcalader par cét endroit-là, pour s'en rendre bien toft le Maiftre.

Le iour deftiné à cette entreprife n'eut pas plûtoft fait fonner l'heure,
qu'il fit donner diuers affauts de plufieurs cotez à la ville, auec plus d'é-
fort qu'on n'auoit acoutumé, afin d'accroître l'alarme ; & à même temps
commanda à ceux qu'il auoit choifis pour l'execution, de paffer l'étang,
& d'écheller de ce cofté-là les murailles de la ville qui étoient fans
defence. Ce qu'ils executerent fi promptement & auec tant de valeur,
qu'apres étre entrez dedans, & facrifié la plus grande partie des ennemis
à leur premiere fureur, ils s'en rendirent les maiftres, & ouurirent les
portes au vainqueur.

Mais certes il y entra auec autant de refpet, que fi ç'eut été dans le
Capitole ; fon courage affouui de l'objet d'vne fi belle conquéte, moderoit tellement toutes fes paffions, qu'il n'en auoit plus que pour exercer
fa clemence. Ce qui rendoit le fort des vaincus, quoy que funefte, beaucoup fuportable ; puis que dans l'excez de leurs miferes, & dans le
comble de leurs malheurs, ils treuuoient fans y penfer, cette derniere
confolation, de fe pouuoir plaindre auec liberté, & attendre auec raifon
quelque foulagement en leurs fouffrances. Il eft vray que la vie pareffoit
vn pefant fardeau à ceux qui n'auoient plus rien à perdre qu'elle feule ;
mais dans l'extremité où le defefpoir les reduifoit, c'étoit toujours vne
grace de leur faire efperer quelque changement en leur mauuaife
fortune, apres en auoir borné le cours.

Les richeffes qu'on treuua dans cette fuperbe ville étoient fans prix,
pour eftre fans nombre : outre les munitions de guerre qu'on eftimoit
encore beaucoup plus, comme exemptes du pillage des Soldats, dont
Scipion loüa publiquement & la valeur & le courage. Mais lors qu'il
falut donner la couronne murale à celuy qui le premier auoit échelé les
remparts de la ville, la difpute en parút fi grande entre deux Soldats, que
toute l'Armée fut fur le point de fe diuifer en deux partis dans vn combat
defia affigné. A quoy Scipion toutefois mit ordre fort à propos, decla-
rant en faueur des pretendans, que l'vn & l'autre meritoient vne couronne, comme étant affeuré que tous deux à la fois étoient montez les
premiers fur la muraille. De forte qu'apres les auoir recompenfez également, il termina cette querelle, où il fe treuuoit beaucoup intereffé par
le dommage qu'il en pouuoit encourir.

En fuitte de toutes ces actions de Prudence, il en fit vn grand nombre
de Generofité, renuoyant en diuerfes Villes d'Efpagne tous les ôtages

qu'il auoit treuuez dans Cartage. Ce qui luy fit gagner de nouueau tant de cœurs, & acquerir tant de loüanges, que plusieurs nations quitterent le party des Carthaginois, & se remirent sous la protection des Romains. Mais pour comble d'honneur ; apres auoir vaincu ses ennemis, il voulut triompher de soy-méme, faisant ériger vn Autel de refuge, consacré à la Chasteté pour la conseruation de celle des Dames. Et certes toutes ensemble y treuuerent vn abry & port d'asseurance, durant l'orage & la tempeste que la fureur des Soldats vainqueurs auoient excité. Il refusa encore de voir seulement vne jûne Princesse des plus belles du Monde qu'on luy amenoit prisonniere ; la renuoyant à Allucius Prince des Celtiberiens son fiancé, auec de riches presens. Action si celebre à tous les siecles, que la memoire n'en mourra jamais.

On remarque d'Alexandre, que sa curiosité mit en hasard sa continence, lors qu'il eut enuie de voir la femme de Darius, comme la plus belle Reyne de l'Orient. Ce n'est pas qu'il ne reuint victorieux de cette, attaque ; mais il faut auoüer que son triomphe étoit dû à son bon-heur plutost qu'à sa prudence ; puis qu'il voulut tenter vn peril dont le dommage sembloit ineuitable. Scipion plus sage dans sa preuoyance, & plus moderé dans ses passions, ne voulut point hazarder ce qu'il ne pouuoit perdre qu'vne fois : il se souuenoit qu'il étoit homme : & ce souuenir le rendoit toujours si timide en cette sorte de rencontres, qu'en tombant en imagination à force de crainte, il ne tomboit jamais en effet à force de jugement. L'amour surprend les plus sages en tout temps, & en tous lieux, s'ils se relâchent tant soit peu de leur vigilance ordinaire : & ceux qui presument plus d'eux-mémes à luy resister, sont souuent les plus foibles dans les ataques. Que si Alexandre r'emporta beaucoup de gloire pour auoir vû insensiblement cette belle Reyne : Scipion acquit encore mille fois plus d'honneur pour n'auoir voulu tenter le peril de cette sorte de veuë, en l'admiration de cette jûne Princesse ; puis que ses apas pouuoient mettre en doute la victoire, que ce grand Capitaine voulut emporter sur ses passions. Ie reuiens à vous.

Ce jûne Prince des Celtiberiens fut tellement sensible à cette faueur, qu'apres l'auoir publiée haurement en mille lieux pour faire conoître tout à la fois, & l'excez de son bon heur, & celuy d'vne vertu si heroïque ; il vint treuuer Scipion quelque temps apres dans son camp auec vne grande troupe de caualerie : preferant l'honneur de luy obeïr, à celuy de commander à toute la Terre.

Les belles actions sont de mesme nature que les pierres precieuses ; les vnes & les autres portent inseparablement auec elles, & leur prix, & leur éclat. C'ét vn baume tout diuin, dont l'odeur dure eternellement

par la memoire qui nous en reſte. Il n'eſt rien de plus doux que le ſouuenir d'vne genereuſe action ; c'eſt vn charme continuel de plaiſir qui
nous rauit l'eſprit auec tous les apas & de l'honneur, & de la joye. D'où
vient auſſi que les hommes éleuez au deſſus du commun par leur naiſ-
ſance, ou par leur fortune, s'étudient inceſſament à s'éleuer encore plus
haut par la ſeule force de leur vertu ; comme s'ils étoient honteux que la
Nature & le Hazard contribuaſſent quelque choſe à l'établiſſement de
leur reputation. Ie m'égare ſouuent.

Les nouuelles de la priſe de Carthage étonnerent ſi fort ces trois
Capitaines qui en auoient eu le gouuernement, Mago, Aſdrubal Barcinien, & Aſdrubal fils de Giſgo, tant pour l'intereſt de leur reputation,
que pour le jugement qu'on pourroit faire de l'iſſuë de cette guerre ; que
d'abord ils s'efforcerent d'en étoufer le bruit, & voyant leurs efforts
inutiles, d'en mépriſer en ſuite le dommage.

Scipion d'vn autre côté qui ne perdoit pas temps, apres auoir renforcé
ſon armée de diuerſes nations qui s'étoient de nouueau rengées ſous ſon
party, & de beaucoup de Princes d'Eſpagne qu'il auoit aſſujetis en leur
laiſſant la liberté, au nombre deſquels étoient deux Roys, Mandonius &
& Indibilis. Il fit marcher ſes gens à la rencontre d'Aſdrubal Barcinien,
à deſſein de le combatre deuant qu'il ſe joignit auec ſes compagnons.
Ce n'eſt pas qu'Aſdrubal ne deſirat auſſi auec paſſion d'en venir aux
mains ; mais toutefois au bruit des aproches de Scipion, il fit camper de
nouueau ſon Armée ſur vne montagne prochaine, dont l'aſſiete auantageuſe luy ſeruoit de nouueau rempart : aymant mieux en cette occaſion ſuyure le conſeil de ſa Prudence, que de celuy de ſa Valeur.

Les Romains cependant qui s'auançoient toujours, s'aprocherent à
la fin ſi fort des ennemis, qu'apres les auoir aſſiegez de tous cotez, ils
reſolurent de les forcer dans leur Camp ; quelque penible & hazardeuſe
qu'en fut l'entrepriſe, puis que l'vtilité & la gloire ſeruoient également
d'objet à leur reſolution. Voicy la Harangue que Scipion fit à ſes
Soldats.

HARANGVE
DE SCIPION.

QVE nous ſommes heureux de nous voir aujourd'huy à la veille d'vne
victoire glorieuſe, ou d'vne mort ſemblable, par la reſolution que nous
deuons prendre, ou de vaincre, ou de mourir. Et quoy que la Fortune en

ordonne

ordonne, cet auantage nous demeurera touſiours, d'auoir plutoſt manqué de vie, que de valeur. Ie ſçay bien que vos Ames, vrayement genereuſes, ſe ſont depouïllées de toutes leurs paſſions, deſlors qu'elles ont chargé la cuiraſſe pour ne reſpirer que la ruine de nos ennemis, dont le Camp éleué ſur vne montagne, ſeruira de Teatre à leur lâcheté, comme vn nouueau témoin de leur foibleſſe, plutoſt que de leur force ; puis qu'ils la cherchent dans la commodité du lieu, ne pouuant la treuuer dans la timidité de leurs courages. I'aurois mauuaiſe grace de vous animer au combat par mes diſcours, dans la neceſſité où vous eſtes reduits de deffendre vos vies par vos armes. Il me ſuffit de vous repreſenter, non pas les treſors que la victoire vous promet pour vous enrichir, mais plutoſt les Lauriers qu'elle vous prepare pour vous en faire des couronnes. Que ſi vous aprehendez les bleſſeures ou la mort, conſiderez à même temps, que les playes d'vn Soldat ſont les ſeules preuues du merite qui le fa t Capitaine ; & que la guerre n'a point de mort à donner qui ne triomphe du tombeau. Et pour vous témoigner que la victoire, ou le trepas ſont les ſeuls objets de mon ambition, vous me verrez le premier dans les perils, & le dernier dans la retraite : afin que mon exemple vous ſerue de flambeau pour vous montrer le chemin du Triomphe, ou celuy de la Sepulture.

Cette harangue animée égallement, & de la voix, & de la majeſté de ce grand Capitaine, diſpoſa de nouueau ſes Soldats à faire des merueilles par les ſignes qu'ils en donnerent au bruit de leurs aclamations publiques : & des aparances venant aux effets, ils firent voir ceux de leur valeur indomtable.

Les Carthaginois d'ailleurs contrains à deffendre, & leur honneur, & leur vie, rempliſſoient d'abord peu à peu les foſſez de leurs rempars des corps des Romains : Mais eux mémes auſſi s'en ſeruant à méme temps pour écheler leurs tranchées ; la mort de leurs compagnons leur donnoit le moyen de la venger. Ce qui metoit toujours en doute l'iſſuë du combat, ne pouuant juger pour quel des deux partis la Fortune preparoit le Triomphe.

Scipion & Aſdrubal agiſſoient chacun de ſon côté, de Iugement & de courage : en donnant les ordres, & en les executant eux meſmes à la moindre interualle qui ſe treuuoit dans l'obeïſſance de leurs commandemens, ce qui rendoit la Victoire chancelante, de deux cotez, comme eſtant balancée par des forces égalles. Mais Scipion pourtant honteux d'vne ſi longue reſiſtance, où ſa reputation ſembloit étre intereſſée en qualité d'aſſaillant ; & laſſé de faire ſi long temps le Capitaine, s'abandonna ſi heureuſement en ſimple Soldat dans les plus grands perils, que le ſeul exemple de ſa valeur luy fraya le chemin de la victoire ;

C

apres être entré le premier dans le camp des ennemis, dont l'effroy &
la fuite preparoient déja son Triomphe. Il s'en rendit le maiſtre abſolument, ſans treuuer d'autres obſtacles, que ceux que la compaſſion luy
opoſoit en foule, le forçant de pardonner à tous ceux qui ſe ſoûmetoient
à ſa mercy. De ſorte que l'excez de ſa clemence ſeruant de moderation
à ſa colere, pour donner grace à tous ceux qui la luy demandoient ; il
faiſoit ſans y penſer d'vne Armée d'ennemis, vne nouuelle d'amis.

Aſdrubal qui auoit preueu ſa defaite ſe diſpoſa des premiers à la fuite,
ſans conſiderer qu'en fuyant de la ſorte toutes les nations étrangeres
acourroient au deuant du vainqueur. En effet cette victoire fut ſi
auantageuſe à Scipion, qu'en ſa faueur la plus grande partie des Prouin-
ces ennemies ſe diſpoſerent à la reuolte, pour ſecoüer le joug des Carthaginois.

D'abord apres auoir donné la liberté à tous les Eſpagnols qu'on auoit
pris, ſans leur faire payer aucune rançon, il fit vendre les Africains à
l'encant. Et comme il fut treuué entre les priſonniers vn jûne Prince de
ſang Royal, neueu de Maſſiniſſa, il le careſſa grandement ; & ne ſe
contenta pas de luy faire recouurer la liberté, il voulut encore le char-
ger de riches preſens, afin qu'il reconut ſa liberalité, ne pouuant plus
douter de ſa clemence.

Certes on doit auoüer, que la valeur & la ſageſſe ne font pas ſeules vn
grand Capitaine, & qu'il faut de neceſſité que la liberalité & la clemence
trauaillent enſemble à l'établiſſement de ſa reputation. Ce qu'on peut
voir aujourd'huy dans l'exemple de Scipion, comme vn modele des
plus parfaits Capitaines qui furent jamais. S'il étoit ſage & vaillant, il
n'étoit pas moins liberal & magnanime : De ſorte qu'apres auoir vaincu
ſes ennemis à force de prudence & de courage, il ſe rendoit ſi propre
l'honneur de cette victoire par ſa clemence, & par ſa liberalité ; que ſes
ennemis mémes étoient honteux de le luy rauir. D'où vient qu'vn grand
nombre d'Eſpagnols qui auoient été ſes admirateurs, comme témoins
de ſes belles actions, le ſalüerent du nom de *Coy*, qui étoi vn titre de
Souueraine Puiſſance ; pour luy faire conoitre l'abſoluë qu'il s'étoit
acquiſe ſur leurs volontez. Mais la méme vertu qu'ils admiroient en luy,
leur impoſa ſilence ; ne pouuant ſouffrir qu'ils ſe preualuſſent de ſa
fortune, au preiudice de ſon deuoir. De ſorte qu'il leur témoigna en
ſuite, qu'il ne ſouhaitoit d'eux d'autre recognoiſſance, que celle de
garder inuiolablement la fidelité qu'ils prometoient à la Republique.

Mais tandis qu'il iouïſſoit des fruits de ſa victoire, les deux autres
Capitaines Carthaginois, trop informez de la défaite d'Aſdrubal, leur
compaignon, ſe vindrent ioindre auec toutes leurs forces au reſte de

l'Armée, qu'il auoit ramaſſée apres le combat. Ils s'entretindrent long temps à diuerſes fois en cette entreueuë, pour donner ordre à leurs affaires; & reſolurent à la fin qu'Aſdrubal Barcinien iroit ioindre ſon frere Hannibal en Italie, ou étoit tout l'effort de la guerre; & que Mago & l'autre Aſdrubal demeureroient en Eſpagne, en attendant vn nouueau ſecours de Carthage: auec reſolution toutefois de ne combatre point contre les Romains auant qu'ils l'euſſent reçeu.

Aſdrubal ne fût pas plutoſt retiré en Italie, qu'vn nommé Hanno grand Capitaine fut enuoyé de Carthage pour ocuper ſa place: & comme il tâchoit en paſſant de faire reuolter la Celtiberie, L. Silbanus le vint aſſaillir par le commandement de Scipion; mais auec tant de bon-heur, qu'il le défit en Bataille rangée, & l'ammena priſonier.

L. Scipion eut auſſi commandement quelque temps apres d'aler auec vne partie de l'Armée prendre Oringe, ville fort riche & tres-importante au ſuccez de cette guerre. Mais iugeant qu'elle étoit trop forte pour être emportée au premier aſſaut, il l'aſſiegea tout à fait, & en peu de temps s'en rendit Maiſtre, & la pilla; ſans auoir perdu en cette conquéte que quatre vingts Soldats.

Aprestous ces grans auantages, qui faiſoient eſperer aux Romains vne derniere victoire, les aproches de l'Hyuer obligerent également & les vns & les autres, à mettre leur Armée en garniſon. Scipion ſe retira dans Tarraconne; & Mago & Aſdrubal & ſon compagnon du côté de la Mer.

La fin du Printemps de l'année ſuyuante fut le commencement d'vne nouuelle guerre, plus cruelle que jamais. Les Romains & les Carthaginois apres s'étre cherchez quelque temps, pour en venir de la rencontre à la Bataille ſe virent à la fin en preſence, aupres de Beſula; où l'ataque & le combat des deux Armées furent de longue durée, & d'abord d'vn pareil dommage. Mais Scipion, de qui la fortune acompagnoit toujours la valeur, perſuada ſi fort les Soldats par la ſeule eloquence de ſes faits dignes d'admiration, ou de vaincre, ou de mourir; qu'en le ſuyuant dans les perils d'vn courage nonpareil, ils ſe treuuerent bien toſt tous enſemble dans le champ de la Victoire, n'ayant plus à courre qu'apres le reſte des ennemis.

Scipion tout chargé d'honneur & de gloire, comme tout couuert de pouſſiere & de ſang, ne pût jamais ſe laſſer en cette courſe; ſçachant que mille couronnes en étoient le prix. Sa valeur le porta ſi auant qu'il força Mago & Aſdrubal d'abandonner la terre ferme, & ſe ſauuer par Mer das Gades, ville maritime, auec les honteuſes reliques de leur Armée.

Ce fut en ce temps làqu'vn nommé Maſſiniſſa, homme d'eſprit & de courage, qui tenoit le parti des Carthaginois, prit l'occaſion de parler fecretement à Syllanus familier de Scipion, à deſſein d'en gaigner l'amitié ; jugeant qu'il étoit à propos de changer de maiſtre & demander la protection des Romains, comme victorieux. C'eſt ce méme Maſſiniſſa, qui dépuis par leur faueur fut vn des plus puiſſans Roys de Numidie, & fort vtile auſſi à leur Republique, par les importans feruices qu'il leur rendit.

Scipion touſiours ambitieux d'honneur, reſpirant apres d'autres conqueſtes, ne ſongeoit plus deſia à celles qu'il venoit de faire ; comme s'il n'eut pû moderer l'ardeur de ſon courage, qu'en cueillant tous les jours de nouueaux lauriers. L'Afrique étoit vne des plus petites bornes de ſon ambition ; & deſia il faiſoit les preparatifs de ſon Triomphe dans ſon eſprit, comme ſi ç'eut été, quelque ſimple matiere, qu'il eut diſpoſée à receuoir ſa derniere forme. Son premier deſſein fut d'acquerir l'amitié de Syphax Roy des Maſæſyliens, & le treuuant d'abord porté à deſirer l'aliance des Romains, il crût que ſa preſence feroit le reſte. De ſorte qu'il ſe reſolut au voyage d'Afrique, & fit voile auec deux galeres à cinq rames pour banc.

En ce méme temps Aſdrubal fils de Giſgo eſtant parti de Gades pour aller auſſi en Afrique à deſſein de contracter aliance auec ce méme Roy des Maſæſyliens ; Ces deux vaillans Capitaines ſe rencontrerent, ſans y penſer, dans vne méme carriere de Fortune ; y courant chacun à l'enuy, pour remporter le prix. Ie veux dire que ces deux grands Perſonnages, chacun Ambaſſadeur de ſa Republique, s'étans treuuez dans la Cour du Roy Syphax à méme deſſein de gagner ſon amitié, comme tres-importante, employerent également tous les efforts de leur eſprit pour reüſſir en cette entrepriſe.

Leur hoſte cependant, qui ſe ſentoit fort honoré de leur viſite, auoit donné ordre qu'on les traitat également ; & auec vne pareille magnificence, les faiſant mémes manger enſemble, afin que tous deux fuſſent témoins également des honneurs reciproques qu'on leur rendoit. Et ce fût en cette rencontre qu'Aſdrubal ayant l'occaſion de s'entretenir auec Scipion ſur diuers ſujets, durant le temps de leur Ambaſſade ; preueut la perte de l'Afrique, & la ruïne particuliere de ſa Republique au ſeul diſcours de ce nouueau vainqueur : remarquant tant de viuacité en ſon eſprit, tant de force en ſon jugement, & vn ſi grand poix en toutes ſes paroles, qu'auec les aſſeurances trop ſenſibles qu'il auoit de ſa valeur, ſes autres qualitez le forçoient de croire, qu'il ſeroit toujours Inuincible, & conſequamment ennemy de la paix.

D'ailleurs, il aprehandoit que le Roy Scyphax ne ſe rendit à la fin auſſi ſçauant que luy à conoitre le merite de Scipion ; & que de la ſorte il

ne

ne perdit fa caufe, auant qu'auoir acheué de la plaider : Ce qui arriua bien-toft apres, comme vous verrés par la fuite.

Syphax, qui ne confideroit jamais en toutes chofes que fes interets, étoit bien aife du commancement de procurer la paix entre ces deux grandes Republiques, afin qu'en qualité d'arbitre il y pût treuuer fon conte, en y établiffant de nouueau fon repos. Mais apres auoir tâté le pouls à Scipion, & conu fa maladie, qui ne procedoit que d'ardeur de courage ; s'excufant de parler de paix fans l'ordre du Senat, il fe declara publiquement en fa faueur, & reçut l'aliance des Romains ; dequoy Afdrubal fut fi en colere, qu'il partit fans luy dire adieu.

Scipion s'en retournant toujours victorieux de cette guerre d'induftrie, où fon efprit plutoft que fa fortune, luy auoit donné l'auantage fur fon Riual ; prit de force à fon arriuée en Efpagne, par le moyen de L. Martius Hiturgium, Caftulo, & quelques autres places d'affez grande importance, qui refufoient de fe foumettre à l'obeïffance du peuple Romain.

Mais pour témoigner à fes ennemis qu'il n'étoit plus en état de les craindre, il voulut jouïr au milieu de la guerre des delices de la paix ; faifant celebrer auec toute forte de magnificence dans Carthage, la Fefte des jeux defcrime, où fe treuuerent vn monde de peuple, & beaucoup de grands Perfonnages, tous pretandans au prix. Parmy les Efpagnols de remarque, il y en eut deux apellez Corbis & Orfus freres, qui eftant en difpute de la Royauté, hazarderent en ce jeu-là la conquéte de leur couronne : Et en effet, la mort de l'vn donna le fceptre à l'autre. Mais veritablement ce combat fut def agreable aux fpectateurs : & d'autant plus encore que la fin s'en treuua funefte, obligeant méme le vainqueur par vn fentiment de nature & de generofité, à porter le dueïl de fon Triomphe, comme ayant trempé fes mains dans le fang d'vn de fes plus proches.

Durant ces ébatemens publics, les Lieutenans de Scipion luy conqueroient tous les jours des Villes au feul bruit de fon renom. Aftape feule affez importante eût l'audace de leur refifter, preferant la gloire de s'enfeuelir fous fes propres ruïnes, à l'vtilité de s'abandonner lâchement à la mercy de leurs ennemis.

D'abord ils prirent les armes, non feulement pour fe defendre, mais encore pour aler ataquer les Romains jufques dans leur Camp. Et certes comme la refolution qu'ils en firent d'vn commun accord fut prodigieufe, à force d'étre funefte : i'ay été curieux de vous en faire vn nouueau recit. Imaginez-vous qu'apres s'étre affemblez en public, délors qu'ils fe virent affiegez, il fut refolu en plaine affemblée, qu'on fairoit differ

vn bûcher dans la place publique, fur lequel tous les vieillards, toutes
les filles, les femmes & les petits enfans, jufques à l'âge de douze ans
feroient placés, apres y auoir enferré tous les trefors de la Ville:
& qu'vne troupe de jûnes gens, tous portans le flambeau d'vne
main, & le poignard de l'autre, feroient deftinés aux aproches des
ennemis vainqueurs, à alumer de tous cotez ce bucher; & fe facrifier
eux mémes à l'inftant, pour ne leur feruir pas tous enfemble de Trophée:
Tandis que les autres leur iroient au deuant pour alonger le terme feulement de leur dernier Triomphe, & donner plus de loifir à ces gene-
reufes victimes, expofées publiquement fur l'autel du facrifice, de rendre
leurs abois fans autre contrainte que celle qu'elles mémes s'étoient
impofée par vn excés, je n'ofe dire de magnanimité, puis qu'il y en a
beaucoup plus de fureur & de rage.

Tout fut executé cependant auec le méme courage qu'il auoit été
refolu. Ceux qui furent deftinés pour aler au deuant des Romains, ven-
dirent cherement leurs vies, car apres auoir tué d'abord tout ce qu'ils
treuuerent à leur rencontre, ils eurent l'audace d'aler donner l'alarme au
refte de l'Armée jufques à l'entrée du Camp, où ils fe bâtirent eux
mémes vn fi fuperbe tombeau, que la memoire en durera autant que
fon Temple.

Leur défaite apelant en fuite les vainqueurs à la conquéte des trefors
de la ville, dont les portes ouuertes leur frayoient le chemin. Ils ne
treuuereut dedans qu'vn monceau de cendre, qui reprefentoit auec
horreur l'effroyable metamorphofe d'vn monde de peuple, de tout
âge & de tout fexe. Les plus auares fe mirent en peine d'y chercher
dedans l'or & l'argent qui ne pouuoit étre fondu; mais ils n'y treuuerent que la place de leur tombeau, où ils furent enfeuelis, comme
étouffés à force de fumée & de puanteur.

Ie vous diray maintenant que cét fpectacle étonna fort les Romains,
tant pour le prodige d'vn accident, & fi funefte, & fi effroyable, que
pour le peu de profit qui leur en reftoit, & le nombre des braues Soldats
qu'ils auoient perdus en cette conquéte d'vn cimetiere, rempli d'os & de
cendres.

Scipion fatigué de mille fortes de foins, que fa bonne fortune luy
caufoit pour la conferuation de Carthage, & de beaucoup d'autres For-
tereffes d'importance, tomba malade en cette ville-là; & comme le bruit
commun faifoit fa maladie beaucoup plus dangereufe qu'elle n'étoit pas,
il y eût plufieurs nations en Efpagne qui fe reuolterent, fous efperance
de quelque nouueauté. Son Armée mémes qu'il auoit laiffée à Sucra,
fuyant ce mauuais exemple, ne voulut plus reconoître de Chef, pour

s’exempter d’obeïſſance. D’abord les Soldats oyſeux & feneans oubliant peu à peu leur diſcipline militaire, mépriſoient ceux qui les commandoient. Et de cette premiere faute venant au crime, ils chaſſerent tous les Chefs des Bandes, & éleurent pour leurs Capitaines deux ſimples Soldats, qui eurent l’effronterie d’en agreer le titre, & méme de faire porter deuant eux le faiſceaux des Verges, dont à la fin ils furent foüetez; comme auſſi les mémes haches, dont on ſe ſeruit pour leur trancher la teſte. Conſiderez vn peu en paſſant juſque à quelle extremité vne ambition déreglée porte les hommes.

Les Eſpagnols d’ailleurs voulurent ioüer de leur reſte; & particulierement les Roys Mandonius & Indibilis, comme jaloux de la puiſſance des Romains dans l’Eſpagne. De ſorte qu’ayant creu trop de leger les nouuelles qui couroient de la mort de Scipion ils leuerent le maſque, & s’en alerent Enſeignes déployées à la conquéte du pays des Sueſitains, apres leur auoir declaré la guerre contre leur foy promiſe, étant aliez du peuple Romain. Mais délors qu’vn nouueau bruit de la conualeſcence de Scipion eut couru en diuers lieux, la plus grande partie de ces deſordres & de ces diſſentions ciuiles ſe diſſiperent, comme des foibles nuages au leuer du Soleil. Ie veux dire, qu’au recouurement de ſa ſanté chacun ſe remit en ſon deuoir: La crainte regnant à ſon tour dans ces eſprits reuoltez, au lieu de l’ambition: ils aymerent mieux ſe repentir de leur faute, que courre l’euident peril d’en étre promtement châtiez.

Scipion ne fut pas plutoſt guery qu’étant informé du deſordre de ſon Armée, auſſi bien que des autres reuoltes, s’arréta au plus neceſſaire, & mit en deliberation dans le Conſeil la peine qu’on deuoit impoſer à ſes Soldats, en expiation de leur crime. La plus grande partie de ceux qui y opinerent fût d’auis de punir ſeulement les principaux Auteurs du deſordre, & de pardonner à tous les autres, apres auoir été ſpectateurs du ſupplice; afin que l’horreur, jointe au ſouuenir de leur crime les châtiat d’vne autre ſorte plus doucement. De maniere qu’il fit ſommer à méme temps les bandes ſeditieuſes de venir à Carthage pour receuoir leur montre. Tous obeyrent à ce commandement; les vns croyant que leurs fautes étoient pardonnables, & les autres ſe confiant en la ſeule clemence de leur Souuerain; pour luy auoir ouy dire autresfois qu’il aymoit mieux ſauuer la vie à vn Citoyen Romain, que la faire perdre à mille de leurs ennemis.

Le bruit couroit par tout en ce méme temps-là, que Scipion auoit vne nouuelle Armée ſur pied, qui venoit le joindre pour étre plus puiſſant encore à ſe venger de ces deux Roys reuoltez, qui faiſoient la guerre aux Sueſitains: ce qui les obligea d’autant plus encore à la foûmiſſion , qu'ils aprehandoient ces nouuelles forces ; ne ſçachant d'ailleurs quel party prendre qui leur fut plus auantageux.

Le lendemain de leur arriuée à Carthage, on les fit aſſembler dans la place, où apres eſtre deſarmez & enuironnez de tous cotez par d'autres legions Scipion ſe fit voir dans ſon ſiege auec ſa Majeſté ordinaire, & vne pareille ſanté à celle dont il jouyſſoit auant ſa maladie. Et lors animé d'vne juſte colere contre les coupables, il leur repreſenta ſi puiſſamment l'enormité de leur crime, qu'auant que les condamner au ſuplice, il leur en fit reſſentir toutes les peines, à force de honte & de confuſion : puis d'vne méme voix il les abandonna aux loix de la juſtice militaire, pour étre foüetez ſelon les coutumes, & en ſuitte la teſte tranchée. Cét exemple de chatiment en toucha beaucoup, & fit reſoudre les autres à mourir dans leur deuoir , apres auoir prété vn nouueau ſerment de fidelité.

Ces racines de diuiſion ne furent pas plutoſt coupées auec les teſtes qui en auoient jeté la ſemence, que Scipion declara la guerre aux Roys Mandonius & Indibilis , leſquels hors d'eſpoir de grace , ſelon leur creance, auoient leué vne armée de vingt mil hommes, & s'en venoient teſte baiſſée à la rencontre des Romains : lors que Scipion informé de leurs aproches, voulut faire la moitié du chemin, afin de leur oſter le moyen, en ne leur donnnant pas le temps, de renforcer leur armée par la reuolte de differentes Nations.

Ces Roys s'étoient campez à leur auantage , & ſe confioient d'ailleurs tellement à leurs forces qu'ils auoient reſolu de ne refuſer point la bataille, ny de chercher auſſi le moyen de la donner. Mais ils ſe treuuerent ſi proches des ennemis, qu'en étant ataquez diuerſes fois, leur premiere defence fut vn commencement de bataille, & la continuation de leur reſiſtance expoſa à la fin les deux Armées au hazard d'vn dernier combat. L'auantage fut long temps en diſpute, & chacun pouuoit pretendre ſans vanité à l'honneur de la victoire, juſques à ce que les Romains ácoutumez à triompher, ou à mourir, s'exciterent reciproquement au combat , & pour en aquerir toute la gloire, & pour imiter leur Capitaine, & en vn méme inſtant ils luy firent voir la plus grande partie de ſes ennemis, ou à ſes pieds ou en ſuitte.

Ce fut lors que les Roys Mandonius & Indibilis , reſeruez par vn coup de mal-heur à vne plus grande infortune, ſuruécurent honteuſe-ment à leur reputation: comme contrains de mandier la liberté de viure, apres auoir mépriſé vne ſi belle ocaſion de mourir. Car reduits à l'extre-mité dans leur défaite, ils enuoyerent vn Ambaſſadeur à *Scipion* pour implorer ſa bonté, & luy demander grace , à telles conditions qu'il voudroit leur impoſer.   Ces

Ce grand Capitaine, Grand veritablement en toutes fortes de Vertus, fe treuua d'abord vengé dans la foûmiffion feruile de fes ennemis, & creut à méme temps que la victoire qu'il auoit remportée par fa valeur, ne feroit pas parfaite, fi fa clemence n'en partagoit les couronnes auec fa valeur. De forte qu'il leur pardonna à condition qu'ils payeroient les frais de la guerre, pour temoigner qu'il ne cherchoit fes interets qu'en ceux de la Republique.

Quelques iours apres Mafiniffa partit de Gades, & s'en vint au Camp de Scipion pour luy confirmer de bouche toutes les affurances d'amitié, dont il luy auoit fait defia porter parole par Marcus Sillanus. Et à n'en point mentir, il fut rauy à fon abord, & fi fatisfait à fa premiere veuë, qu'il en crût à l'inftant méme tout ce que la Renommée en auoit dit. Auffi veritablement étoit-il fi acompli en toutes chofes, qu'il ne faifoit plus des jaloux de fa gloire, comme éleuée par fon feul merite au deffus de toute forte d'ambition. Mafiniffa luy fit de tres-humbles remercie-mens, de ce qu'il luy auoit renuoyé fon Nepueu quitte de rançon, & chargé de prefens; luy temoignant en fuite par vn fentiment d'inclination, plutoft que de recognoiffance, qu'il mourroit fon feruiteur, & fidele amy de la Republique. En effet il tint fa parole inuiolablement, & ne fepara jamais durant fa vie fes interets de ceux des Romains.

Tous les diuers Peuples d'Efpagne auoient defia receu la Loy de Scipion, fors que celuy de Gades, vn des plus anciens & des plus belliqueux; mais à la fin l'exemple de leurs voifins ou plutoft la decadence de leur fortune, les affujetit fous vn pareil empire, & aux mémes conditions. Apres auoir veu la fin de tant de beaux Exploits, & de fi glorieufes entreprifes en la nouuelle conquefte des Efpagnes, dont il auoit chaffé les Carthaginois; il refolut de s'en retourner à Rome, laif-fant le gouuernement à Lelius Lentulus, & à Manlius Acidinus.

Le bruit de fon ariuée le deuançant de beaucoup, fes amis luy alerent au deuant; & comme tout le Peuple fe treuua de ce nombre, on pouuoit dire que Rome mémes le fut receuoir hors de fon affiete. Le Senat luy donna audiance dans le Temple de Bellonne, où il fit cette harangue.

✻✻✻✻✻✻✻✻✻✻✻✻✻✻✻✻✻✻✻✻✻✻✻✻✻✻✻✻✻✻

NOVVELLE HARANGVE
DE SCIPION AV SENAT.

PERES ET SOVVERAINS PROTECTEVRS
DE LA REPVBLIQVE, *Je ne viens pas icy pour vous*

raconter l'Hiſtoire de mes faits guerriers, quoy que extrememement heureux ; en vous diſant que i'ay gaigné ſix Batailles, vaincu quatre grands Capitai-nes, pris cinquante-deux villes de force, ou d'induſtrie, aſſujety de nouueau ſous voſtre Empire douze Nations, chaſſé vne derniere fois des Eſpagnes tous les Carthaginois nos anciens ennemis, & que ie porte vn nouueau treſor dans le voſtre, par vne ſomme tres-notable d'or & d'argent. Il me ſuffit de vous repreſenter la joye & la ſatisfaction qui me demeurent, d'a-uoir vengé la mort de mon Pere & de mon Oncle, en ſeruant glorieuſement & vtilement la Republique. C'eſt le ſeul contentement qui me poſſede tout entier, ſans étre touché que de complaiſance pour tous les autres auantages qui me reſtent. Et en effet, que pourrois-je ſouhaiter de plus vtile pour la Republique, que de reduire la plus grande partie de ſes ennemis à ſa mercy; & de plus glorieux pour mon Nom, que de le faire ſortir Triomphant du tombeau de mes Ayeux, où la Fortune ſeule l'auoit voulu enſeuelir, & le rendre d'oreſnauant fatal à la ruïne de Carthage. Tous mes vœux ſont accomplis ; & comme en cela ie n'ay jamais eu d'autre objet, que le bien public, la ſeule memoire de les auoir faits me recompenſe prodigalement de tout le ſoin que i'en ay deù prendre. Ie ne pretens point à l'honneur du Triomphe, ie me contente que mes ennemis vaincus m'en ayent deſia fait les entrées en tous les lieux où le bruit de leur défaite a couru. De quelque façon que i'entre au-jourd'huy dans Rome, ie Triomphe auec Elle ; puis que mes armes victorieuſes la rendent de nouueau Triomphante.

Cette Harangue ouye auec beaucoup d'attention, & reçeuë auec vne extreme alegreſſe du Peuple; tous enſemble d'vne commune voix declairerent hautement, qu'il étoit digne de l'honneur du Triomphe: mais comme ſa charge de Vice-Conſul ne luy permetoit pas d'entrer triomphant dans Rome, ſelon les Loix & la Coútume, il ſe contenta d'en meriter l'honneur.

Le Senat & tout le Peuple témoignerent également d'étre fort ſatisfaits de la modeſtie extraordinaire d'vn ſi ſuperbe vainqueur; ne voulant pas violer les loix qui luy defendoient le Triomphe, quoy que luy méme les fit Triompher de nouueau, en appuyant par ſes gran-des victoires la grandeur de la Republique. Sa valeur a beau étre ſouueraine, il ſe demet volontairement de ſon authorité, pour obeïr en qualité de Sujet. Mais ne vous en étonnés pas, l'honneur de la Republi-que eſt ſa gloire : Elle luy a mis les armes à la main, il les luy rend victorieuſes, ſans remporter d'autre auantage, que celuy de la faire Triompher en ſa place.

Le lendemain il fut fait Conſul publiquement, pour le recompenſer

en quelque forte de tant de peines, & de tant de trauaux. Mais certes
on n'auoit jamais veu vne fi grande foule de Peuple dans Rome qu'en
ce jour là : tous les voifins des enuirons y étoient acourus, pour voir
feulement ce jûne vainqueur ; comme fi on eut eu deffein de le faire
Triompher dans Rome, à force de luy rendre des refpects, & luy
donner des loüanges. En effet fi l'honneur d'vn Triomphe fe celebre
plutoft dans les cœurs de ceux qui en font les preparatifs, que dans les
ruës de la ville, où la pompe en doit étre faite : Scipion eut fujet de fe
fatisfaire, puifqu'vn chacun fétoit en particulier le iour qui deuoit
étre deftiné à la gloire de fon entrée.

Dans la premiere Affemblée qui fe fit en fuitte, où l'on deuoit élire
vn Capitaine General pour la guerre d'Afrique ; ce Nom de Scipion
étoit defia fi venerable, qu'il fut preferé à beaucoup d'autres, que fes
ennemis auoient mis en auant. Toutesfois Fabius Maximus, vn des
plus confiderables du Senat, & fon ennemy particulier, s'opofant à ce
decret, tint quelque temps en doute le fuccés de cette premiere deliberation ; faifant changer d'auis à beaucoup de fes compaignons par cette
harangue.

HARANGVE DE FABIVS MAXIMVS
au Senat, contre Scipion.

*PERES ET SOVVERAINS PROTECTEVRS DE
LA REPVPLIQVE, Je fuis fort aife que dans la reputation
extraordinaire que i'ay acquife, & fur laquelle i'ay étably folidement l'honneur & le repos de ma vie pour vne eternité ; ie puiffe aujourd'huy impofer
filence à la calomnie, fi elle veut m'accufer d'eftre jaloux & enuieux de la gloire
d'autruy. Ce qui me donne la liberté de parler plus hardiment fur le fujet qui fe
prefente d'elire vn Capitaine General pour la guerre d'Afrique. Scipion veritablement nous pût donner de belles efperances, puis qu'il nous a fait voir des mer-
ueilleux effets. Mais comme la conquête de l'Afrique eft d'vne autre importance,
que celle de l'Efpagne : Ce feroit nous flater auec luy, de croire tous enfemble qu'il
fçeut reüffir dans vn deffein, dont l'objet eft infiniment éleué au deffus de fes
forces, & de fon induftrie, par le peu d'experience que l'âge luy a donnée : Ce n'eft
pas qu'il ne foit fort vaillant, & extrememement courageux : mais la valeur, ny
le courage, ne peuuent pas feuls conquerir l'Afrique : il faut de neceffité que la
Prudence elle-mémes y agiffe fouuerainement par fes fages confeils ; & la iûneffe
de Scipion eft plus capable de les executer, que de les donner, quoy qu'on en
veuille dire. Nous n'auons pas befoin d'vn Soldat en cette entreprife qui nous en*

promette le succés, à force de hardiesse : nous demandons vn Capitaine qui nous
en fasse esperer vne heureuse fin, à force de jugement. Je veux que Scipion soit
sorty Triomphant d'Espagne : nos aliez qui l'y atendoient pour joindre leurs
forces aux siennes, luy en donnerent l'entrée. Que s'il étoit difficile pourtant d'en
chasser les Carthaginois ; il m'aduoüera, qu'il n'étoit pas impossible de les vain-
cre. Mais de pretendre aujourd'huy auec ses mémes armes victorieuses d'assujetir
l'Afrique, où nous n'auons pas vn port à faire surgir nos vaisseaux, ny des in-
telligences seulement, pour y esperer quelqu'autre sorte d'aZile : ce seroit assouuir
son ambition de nostre commune ruine, apres l'auoir preueuë infaillible. Et puis
permetrons-nous que Scipion si heureux & si vaillant, aille conquerir l'Afrique
tandis qu'Annibal entrera en Triomphe l'épée à la main dans l'Italie ? Il nous
menacera à toute heure de nous imoler à sa fureur ; & nous atendrons à tous
momens l'arriuée de Scipion pour nous exemter de ce funeste sacrifice. Quel juge-
ment fairoit du nostre la Posterité, s'il n'arriuoit assez tost, que pour assister à
nos funerailles ? Seruons-nous donc prudement, & de sa valeur, & de sa for-
tune ; non pas pour aler combatre Annibal en Afrique, où il n'est point ; mais
plutost pour le chasser d'Italie où il a establi sa demeure. Apres tout, il vaut
mieux sauuer Rome, que ruiner Carthage.

Les Senateurs touchez viuement des raisons qu'vn si grand Personage
auoit mises en auant, auec autant de majesté, que d'éloquence, se
treuuoient resolus secretement d'opiner sur cette affaire au desauantage
de Scipion : lors qu'il les força tout à coup, de tenir encore leur jugement en suspens, en leur parlant de la sorte.

HARANGVE DE SCIPION AV SENAT,
cù Réponse à celle de Fabius Maximus.

PERES ET SOVVERAINS PROTECTEVRS
DE LA REPUBLIQUE, *Fabius a beau se justifier par*
cette extraordinaire reputation qu'il s'est acquise, de l'enuie qu'il a conceuë
contre moy : si elle méme ne l'en acusoit, ie ne prendrois pas la liberté de l'en
conuaincre. Representez-vous s'il vous plait, que tant plus elle est eleuée au
dessus du commun, & moins put elle soufrir de riuale, ou de compagne : Et
comme il n'a jamais esperé seulement d'acquerir en l'âge où ie suis, les honeurs
qu'aujourd'huy ie posede ; la crainte que ie ne le deuance vn Iour en dignité, dans
la saison, où il se treuue, le rend sans doute également jaloux, & de mon bon
heur & de ma gloire. Ie sçay bien que la conquéte de l'Afrique me sera beau-
coup plus penible, que celle de l'Espagne : mais si i'ay remporté glorieusement

la

la derniere, contre l'opinion de tout le monde ensemble, & pour vn coup d'essay,
quelle consequence en peut on tirer à mon desauantage? Oseroit on soûtenir publi-
quement que ie seray vaincu en Afrique, parce que i'ay Triomphé en Espagne?
Que si mon âge vous a trompez, deja vtilement, pourquoy ne voulez-vous pas
que ie vous deçoiue encore vne fois de la même sorte, en vous donnant beaucoup
plus qu'il ne vous promet; Encore que ie n'aye pas les cheueux gris, comme
Fabius, i'enuie sa fortune, plutost que sa prudence; puis que i'ay rendu assez de
témoignages de la mienne par l'heureux succez de tout ce que i'ay entrepris. Et
si ie n'auois été tout à la fois & vaillant Soldat, & sage Capitaine, vous
ne possederiez, qu'en esperance les depoüilles des ennemis, dont vous
jouïssez, en effet. I'auoüe que nous n'auons ny port, ny intelligence en Afrique:
mais la Iustice de mes Armes, & la Renommée de ce nom de Scipion, y font
deja secretement les preparatifs de mon Triomphe; disposant les vns à force
de crainte, & les autres à force d'amour, à subir les loix de vostre Empire.
Et ne vous imaginez pas qu' Annibal vienne tremper son épée dans le sang
des Romains, tandis que i'auray le flambeau à la main pour reduire en
cendre Carthage. Ie feray resoner si haut le bruit de mes victoires en Afrique,
que les Echos d'Italie ne luy parleront incessament que de la necessité de son
retour: & en l'attirant au combat hors de nos terres, & sur son pays, Carthage
& luy tout à la fois, feront en hasard & courront le peril de seruir de butin à
mes Armes, & de trophée à mon Triomphe.

L'eloquence de Scipion ce coup-là ne reüssit pas seule à persuader au
Senat & au Peuple tout ce qu'il desiroit: sa Renomée y contribua beaucoup, y ayant disposé les esprits auant même qu'il eut ouuert la bouche
à dessein de les y faire resoudre. De sorte que d'vne voix éclatante à
force de joye & de zele, on luy donna le Gouuernement de la Sicile, &
permission de passer en Afrique auec toute son Armée, s'il le jugeoit à
propos, pour le bien de la Republique.

Ce decret authorisé si publiquement, fut acompagné de mile
heureux presages en faueur de ce nouueau Consul, sans autre fondement toutefois que celuy de son merite. Ce n'est pas qu'il ne prit les
armes pour vne juste cause, alant faire la guerre à des Infidelles; Mais
comme en ces rencontres on s'atache toujours à l'objet le plus sensible,
la reputation que ce jûne vainqueur s'étoit acquise, auoit déja gaigné
tant de cœurs, & assujety tant d'esprits, qu'elle seule étoit l'autel, où
l'on portoit cette sorte d'ofrandes.

Dans ce grand employ il fit parétre d'abord vn pareil soin & vne
continuele vigilance en la curieuse recherche de tous les moyens pos-
sibles d'y reüssir heureusement. Les Thoscans & les Vmbriens, tous

F

Peuples fort riches, furent les premiers à contribuer aux frais de cette guerre; les vns luy fournirent le bois à faire ses Nauires auec les armes necessaires aux Soldats qu'on metoit dedans; & les autres luy donerent les viures, dont il pouuoit auoir besoin pour leur entretenement. De sorte qu'à moins de deux mois son Armée de Mer fut préte à faire voile.

Il partit d'Italie pour aler en Sicile, où ayant fait la reueuë de toute son Armée, il choisit les plus vieux Soldats, qui auoient frequenté la guerre sous la conduite de M. Marcellus, jugeant qu'vn si sçauant maistre ne pouuoit auoir que de bons écholiers. Pour les Siciliens, il les traita selon leur humeur, & joignit la force à la clemence, dans le dessein de les obliger à faire vne partie de la dépence, qui étoit necessaire en cette guerre, attendant auec impatience la saison de la commencer.

On dit que pour monter trois çens de ses meilleurs Soldats il fit comparétre à jour prefix autant de jûnes hommes des plus nobles & des plus riches de diuerses villes, auec armes & cheuaux; & que comme ils eurent obey à son commandement, il leur laissa lechoix, ou de le suiure en Afrique, ou de donner leur equipage à d'autres qu'il auoit tous prets. Ce qu'ils firent sans aucune resistance, preferant dans l'heureuse condition où ils viuoient, les delices de la paix aux incomoditez de la guerre. Et par cette inuention il treuua moyen que les Siciliens defrayassent les Romains sans encourir aucun reproche.

Il atendoit toujours la saison de metre son Armée sur mer, lors qu'il partit de Sicile pour s'en aler en Siracuse; où ayant été informé qu'vn grand nombre de Soldats retenoient encore aux habitans le butin qui auoit été pris sur eux, durant la guerre, contre les Ordonnances du Senat; il les contraignit d'y obeyr, comme à des Loix qu'il tenoit luy méme inuiolables: ce qui luy fit acquerir autant de reputation pour sa justice, qu'il en auoit déja remporté pour sa valeur.

Il aprit cependant par C. Lælius, qui reuenoit nouuelement d'Afrique auec vn grand butin, comme le Roy Masinissa l'atendoit de iour à autre, & le prioit de hater son voyage autant qu'il luy seroit possible, pour receuoir l'homage de plusieurs nations, qui vouloient secoüer le joug de la seruitude des Carthaginois, & se remetre sous celle des Romains. Mais en ce dessein de partir, il sembloit que son mal-heur voulut rendre tous ses soins inutiles, luy opposant tant d'obstacles, que tout autre que luy, sans doute, je veux dire vn esprit moins fort que le sien, eut perdu l'esperance d'y reüssir. Les affaires de la Sicile l'aretoient d'vn côté, & de l'autre l'occasion qui se presentoit d'apaiser les reuoltes de Locres, étoit trop importante pour la laisser échaper. D'ailleurs les

continueles plaintes qu’on faifoit de toutes pars contre Pleminius, qui y
comandoit en qualité de fon Lieutenant, & qui en fon abfence y auoit
exercé toute forte de mechancetez, à l’intereft particulier de fa reputation, & au dommage du Peuple; l’obligeoient d’amortir ce feu de
diffention en fon pays, auant qu’en aler jeter les étinceles d’vn autre,
dans des terres étrangeres : confiderations toutes de poix, pour y arré-
ter deffus fon jugement.

Il arriua de plus en fuite que les Ambaffadeurs de Locres s’étans plains
de la tiranie de ce Pleminius, fon Lieutenant, au Senat, ils l’y rendirent fi
odieux, qu’on donna plufieurs Arrefts, non feulement contre luy, mais
encore contre Scipion, quoy qu’innocent : à quoy fes enuieux contri-
buerent extrememement. Ie vous laiffe à penfer quel pouuoir a la Calomnie
en l’abfance de celuy qui eft accufé, par autant de témoins qu’il a d’ennemis. L’vn foutenoit que Scipion étoit d’intelligence auec Pleminius,
ayant excufé fes fautes au lieu de les punir. L’autre affeuroit auec vne
pareille effronterie, que tous deux ne diferoient que de charge & de
nom, comme également coupables, par l’intereft comun qu’ils auoient
aux crimes.

Fabius Maximus Perfonnage de tres-grande authorité, qui luy en
vouloit de long temps, le calomniet de nouueau à outrance, & jufques
à perfuader les principaux du Senat de le rapeler & luy oter fon gouuernement, auec la charge de Capitaine General qu’on luy auoit donnée.
Ce qui fembla d’abord vn peu étrange & hors de raifon : De forte que
par le confeil de L. Metellus il fut ordoné qu’on enuoyeroit dix Ambaffadeurs en Sicile de la part du Senat pour eftre informez de la verité,
auec puiffance de rapeler Scipion s’ils le treuuoient coupable, comme
auffi de le faire partir pour aler à la guerre d’Afrique, s’il étoit jugé
innocent.

Les nouuelles de l’arriuée de ces Ambaffadeurs en Sicile furent fort
agreables à Scipion, puis qu’ils n’etoient chargez que de couronnes, &
pour fa fidelité, & pour fon inocence. Il s’eftimoit trop heureux que
fes actions fuffent expofées publiquement à la cenfure dans la probité
qu’il profeffoit, fçachant bien que quand fes ennemis mémes feroient &
fes juges & fes parties, fa vie hors de reproche le metroit toufiours
hors d’atainte.

Et certes les informations qu’on fit contre luy, ou pour mieux dire,
qu’on auoit deffein de faire, changeant tout à coup de face au premier
article, tous les fuiuans pour l’acheuer, ne furent remplis que d’eloges
en fa faueur, n’ayant jamais pû eftre conuaincu que du feul crime d’auoir
été trop indulgent à pardonner les fautes que fon Lieutenant auoit

comifes, fans y auoir trempé toutefois d'vne feule penfée, tant il étoit jaloux de fa reputation. De forte que parmy vn nombre infini de perfections qu'il poffedoit, l'Enuie mémes ny ayant pû marquer d'autre defaut que celuy de l'excez de fa clemence, tous ces Ambaffadeurs s'impoferent eux mémes de nouuelles loix, & luy donerent autant de loüanges de la part du Senat, qu'ils auoient refolu de luy faire des reproches. Veritablement apres auoir fait conoiftre la pureté & l'inocence de fa vie, le bel ordre qu'il auoit étably, & la bonne conduite qu'il auoit euë à recouurer en fi peu de temps tous les vaiffeaux de guerre qui luy étoient neceffaires, rauirent tellement de joye & d'admiration ces Ambaffadeurs, qu'ils fe fentirent forcez à fe recufer eux mémes d'étre Iuges d'vn homme qui leur oftoit d'abord la liberté.

Ils ne furent pas plutoft de retour à Rome, qu'à la premiere Audience qu'ils eurent du Senat, ils luy prefenterent de nouuelles informations de la vie de Scipion, où vn nombre infiny de témoins foûtenoient également qu'elle étoit fans tache, fes actions fans reproche, & qu'il meritoit tous les honneurs qu'on doit à la Vertu, comme en eftant la vraye image. Que pour eux veritablement ils s'étoient treuuez d'abord fi interreffez à tenir fon party, apres auoir conu fon inocence, & à le loüer mémes hautement, apres l'auoir veu fi exact en fon deuoir, qu'ils auoient été contrains de porter toufiours leur premiere qualité d'Ambaffadeurs, fans prendre amais celle de Iuges, que pour condamner ceux qui l'auoient acufé.

Cette aprobation publique de fa Probité fermant tout à coup la bouche à fes enuieux, l'ouurit à méme temps à vn nombre infiny de perfones pour le loüer hautement en mille lieux, auffi bien que dans le Senat où l'on auoit confirmé le decret de fon authorité abfoluë touchant la guerre d'Afrique. De forte que fes enemis cefferent de le haïr en aparence, pour l'amour d'eux mefmes, n'ofant témoigner leur haine en effet, de peur d'atirer fur eux celle de tout le Peuple.

Mais il ne fut pas plutoft forty de ce labyrinthe de calomnie, où fon honeur fembloit étre égaré, qu'vn noueau malheur le vint affaillir à l'ariuée des Ambaffadeurs que le Roy Syphax vn des plus puiffans Roy d'Afrique luy enuoyoit, pour luy declarer que l'aliance qu'il auoit contractée auec la belle Sophonisba, Fille d'Afdrubal Capitaine des Carthaginois, l'obligeoit à tenir leur party, & au nombre de fes enemis tous ceux qui leur feroient d'orefnauant la guerre. Nouuelle fi facheufe pour la confequence du domage qui en étoit infeparable, que tout autre que Scipion fe fut arrefté à l'entrée de cette penible cariere qu'il alloit franchir, puis qu'il ny voyoit plus au bout les Couronnes d'honeur

qu'il

qu'il s'étoit propofées. Mais fe feruant toufiours en cette forte de rencontres de la force ordinaire de fon efprit qui ne fe rendoit jamais aux
ataques de la fortune, il luy fugera les moyens d'atacher au char de fon
Triomphe d'Afrique, dont il auoit fait déja en fecret les preparatifs, la
Roüe de cette volage Déeffe, afin qu'elle n'eut plus de mouuement que
pour fuiure celuy de fes volontez : Et veritablement il treuua dans fes
penfées l'art de refifter à fon malheur, à force de rufe & d'induftrie, en
atendant que fon courage & fa valeur luy en donaffent vne entiere
victoire.

Il renuoya promtement ces Ambaffadeurs du Roy Syphax apres luy
auoir témoigné pour réponce. Qu'il ne pouuoit croire qu'il eut faucé
fa foy Royale, dont la feule protection faifoit viure tant de Peuples en
repos : Et qu'en cela l'honeur de fa Majefté y étant beaucoup plus
intereffé que les Romains, il ne deuoit pas aymer Sophonisba jufque
au point d'haïr fa reputation, qu'il auoit toufiours cherement conferuée
dans tous fes tráitez. Il n'oublia pas à méme temps de faire courre le
bruit dans fon armée, que les Ambaffadeurs de Syphax n'étoient venus
expres en Sicile que pour fe plaindre du retardement de fon départ, &
luy reprefenter la neceffité de fa-prefence en Afrique, où il étoit depuis fi
long temps attendu, leur comandant en fuite de fe difpofer à partir,
apres s'étre pourueus de tout ce qui leur étoit neceffaire.

Cette Ordonance ne fut pas plutoft publiée dans la Sicile, qu'vn
chacun fe tint pret pour le depart, acourant en foule à Lilybée comme
au port de Mer, où l'on fe deuoit embarquer, auec vn nombre infiny
d'autres perfones, touchées de la feule curiofité de voir vne fi belle
Armée Nauale, ou plutoft le grand Capitaine qui en auoit
le comandement.

Les Matelots n'atendoient plus que le vent pour leuer les ancres,
quand Scipion embarqué dans fes vaiffeaux auec toute fon Armée, leur
comanda de faire voile, ne pouuant plus foufrir la veuë de Lilybée, par
le trifte fouuenir du long fejour qu'il y auoit fait. L'inconftance du tems
luy fut ce coup-là fauorable : Car en peu de jours vn vent d'orage qui
enfloit à plain fes voiles, le jetta au Port du Promontoire, furnomé le
Beau, où il fit defembarquer fon Armée.

Le bruit de fon ariuée mit telement Carthage en alarme, qu'on ren-
força les gardes de tous côtés ! comme fi la ville méme eut été affiegée ;
Et en effet, ils pouuoient auoir fujet de crainte, confiderant la nouueauté du peril qui les menaçoit, & dont à peine homme viuant auoit veu
l'exemple. Car depuis M. Regulus jufques à ce jour-là, pas vn des Capitaines Romains n'étoit entré dans l'Afrique auec vne fi puiffante Armée.

G

Ce fameux Nom de Scipion aumentoit encore de beaucoup leur crainte, ne pouuant treuuer dans toute leur Republique vn Capitaine pour
s'opofer aux effors de fa valeur, apres en auoir reffenty fi fouuent le
domage. Il eft vray qu'Afdrubal fils de Gifgo étoit digne de cét employ,
mais ayant été déja vaincu par le méme ennemy qu'il luy faloit combatre? fi l'on fe confiet à fon courage, on doutoit de fon bon heur. La
neceffité pourtant les fit refoudre à fe feruir de fa perfonne en qualité de
Capitaine General, fe confians d'ailleurs aux forces du Roy Syphax fon
gendre, & leur alié.

Tandis que l'vn & l'autre fe preparoient à joindre leurs Armées enfemble pour fe rendre d'autant plus forts qu'ils feroient vnis. Hanno, fils
d'Amilcar, à qui on auoit donné la garde du Pays, vint au deuant des
Romains, auec vne Armée pour les empécher de faire le dégat, & s'enrichir du butin de leur pillage! Mais fe fentant trop foible, il fe contenta
de donner des bornes à leur courfe, apres auoir abandoné vne partie du
Pays pour conferuer le refte.

Scipion d'vn autre côté campé aupres d'Vtique, ville importante, auec
deffein de l'affieger, comanda à Maffiniffa, arriué depuis peu en fon Armée, & dont la valeur & le courage luy étoient en forte confideration,
d'aler reconoitre les enemis, & faire en forte d'atirer Hanno au combat,
en reculant toujours, apres l'auoir ataqué, afin qu'il eut moins de peine
à vaincre fes Soldats déja aracez du chemin, lors qu'il iroit à leur rencontre, ce qui luy reüffit comme il l'auoit projeté. Maffiniffa joüa fi bien fon
perfonage, qu'ayant obligé fon ennemy à le fuiure, dans l'efperance
fenfible d'vne entiere victoire, jufques au lieu où Scipion l'atandoit en
embufcade, il y fut tué d'abord, auec vn grand nombre de fes Soldats,
le refte ayant pris la fuite.

Cette victoire de grande importance perfuada Scipion à fuyure fa
premiere entreprife d'affieger Vtique, mais à peine auoit-on trauaillé
aux trenchées, que les aproches d'Afdrubal & de Syphax, chacun à la
tefte de fon Armée, luy firent changer de deffein, & leuer le fiege d'vn
côté feulement, tenant toufiours la ville affiegée de l'autre, & fur tout
les vaiffeaux qu'il auoit à l'ancre en feureté. Cette feconde affiete de
Camp qu'il auoit donée à fon Armée parut fi auantageufe à fes enemis
qu'ils n'oferent l'ataquer, n'étant pas en état apres tant de malheurs, de
tenter la fortune d'vne derniere Bataille, contre vn fuperbe vainqueur,
à qui la memoire de leur défaite donoit à tous momens vn nouueau
courage. De forte qu'ils fe refolurent de can per à fa veuë, atandant l'o-
cafion ou de le combatre par force, ou de le vaincre par rufe, & de tous
ces deffeins l'efperance qui les auoit trompez fi fouuent, leur en dona
encore de vaines promeffes.

Scipion plus vigilant & plus heureux leur fit bien-toſt voir à leur honte, & à leur domage les effets de tous les deſſeins qu'ils auoient pro-poſez. D'abord pour doner vn ſolide fondement à ſes inuentions, il iugea qu'il étoit à propos de faire ſoliciter le Roy Syphax de renoüer ſon aliance auec les Romains ſur l'aparance qu'il y auoit que la poſſeſſion de Sophonisba ſon Eſpouſe l'auroit guery du mal de ſon amour? ou du moins moderé telement ſa paſſion, qu'il auroit aſſez de liberté pour ſonger à la faute qu'il auoit faite. Que ſi ſa maladie étoit touiours dans ſon excez, il en tireroit cét auantage, de ſçauoir en quel état ſe treuuoit ſon Armée, l'ordre qu'on y obſeruoit, & la maniere de camper; pour prendre en ſuite ſes meſures dans l'execution de ſon entrepriſe.

Les propoſitions qu'on fit à Syphax de la part de Scipion, de renoüer l'aliance auec les Romains, furent inutiles, toutefois comme elles ten-doient à deux fins, la derniere reüſit heureuſement. Ce n'eſt pas que Syphax ne deſirat la paix, & ſe rendre Arbitre des diferens de ces deux grandes Republiques? Mais Scipion qui apres tant de combats ne reſpi-roit que l'honeur d'vne derniere victoire, luy vouloit faire voir, qu'il aloit prendre luy-méme vn flambeau pour alumer les feux de ioye, qui deuoient deuancer ſon Triomphe.

Délors qu'il fut informé de l'état du Camp de ſes enemis, par les Soldats vétus en eſclaues qu'il auoit enuoyez à la ſuite de ſes Ambaſſa-deurs; & que le terme de la tréue qu'ils auoient faite, fut expiré, ſans en auoir tiré d'autre auantage, que celuy de la lumiere qu'il auoit beſoin pour étre éclairé durant la nuit, au chemin de ſes victoires: Il declara ſon deſſein à ſes Capitaines, & leur dit, qu'il étoit reſolu d'aler metre le feu au Camp des enemis; puis que leurs tentes & leurs hutes n'étoient faites que de bois, couuert de roſeaux: & qu'à cét effet ſur les dix heures du ſoir, tous leurs Soldats fuſſent pourueus d'vn flambeau, auec leurs armes ordinaires pour ſuiure Maſſiniſſa & C. Lælius qui en comande-roient vne partie! & que tous enſemble iroient reduire en cendre le Camp de Syphax, tandis qu'en vn méme tems il fairoit la méme choſe dans le Camp d'Aſdrubal, auec le reſte de ſon Armée.

Cét ordre & ce comandement ne furent pas plutoſt donez, & l'heure de l'execution ſonée, que Maſſiniſſa & C. Lælius ſuiuis d'vne partie de l'Armée ſe mirent en chemin, pour aler executer leur entrepriſe. Scipion à qui toute la gloire en étoit deuë, prit ſa route d'vn autre côté, & à mé-me tems qu'il aperçeut que ſon deſſein reüſiſſoit à la funeſte lumiere de ce premier embraſement, il en fit voir bien-toſt vn tout nouueau, dont les flames deuorantes ne parloient que de mort.

Les Numidiens qui étoient dans le Camp de Syphax, ne preuoyant

pas d'abord le peril, où il fe treuuoient engagez, s'amufoient du comen-
cement à éteindre le feu mais lors que fa funefte clarté leur fit voir qu'on
ne l'auoit alumé que pour les reduire en cendre, & que méme pour éuiter fon embrazement, il faloit de neceffité fe refoudre à vne mort plus
honteufe ; l'horreur d'vn defefpoir fi preffant leur ôtoit le courage de fe
defendre. De forte qu'ils étoient immolez en foule à la fureur de leurs
enemis, fans pouuoir toutefois l'affouuir, ny de leur fang, ny de leurs
cendres.

Scipion fit de méme éclater fes prodigieux exploits d'induftrie, & de
courage dans le Camp des Carthaginois, apres y auoir fait métre le feu
de toutes parts ; & de fa main propre ayant reduit en cendre la Tente
d'Afdrubal, animé d'vne genereufe fureur qui n'eut iamais d'exemple, il
facrifioit beaucoup plus d'enemis, que fes Soldats ne bruloient de hutes?
comme s'il eut eu cette enuie d'éteindre à la fin par leur fang, les flames
qu'il auoit alumées.

Certes tout ce que l'horreur, le defefpoir & la mort ont d'hideux &
d'épouuentable, fut reprefenté au naturel à la lumiere de cét embrazement, dans les Camps de Syphax & d'Afdrubal. Les pitoyables cris des
mourans, les furieux des vainquenrs, la confufion d'vne alarme continuele, & le trifte objet de la nuit, caufoient tant d'étonement dans les
efprits, & tant de crainte dans les cœurs ; que les plus hardis ne fon-
geoient pas feulement à fe defendre ? ce qui me fait croire que la peur en
fit mourir beaucoup, fans étre bleffez que de fon atteinte.

La défaite fut de quarante mille homes, tous demeurez fur la place:
Afdrubal & Syphax fe garantirent heureufement,& du feu & du glaiue,
comme deftinez à vne autre forte de trépas. Cette nuit fut le plus beau
jour de Triomphe que Scipion eut pû fouhaiter ; & quoy qu'il n'eut pour
foleil qu'vne funefte clarté de flames deuorantes, elles luifoient d'vn
éclat fi beau aux yeux de ce vainqueur, qu'il en étoit également rauy,
& d'admiration & de ioye.

Le bruit de cette défaite cependant étona fi fort tout le Peuple de
Carthage, qu'il refolut de rapeler Annibal d'Italie ? comme le feul apuy
qui leur reftoit apres tant de difgraces, ou de' demander la paix à Scipion auant qu'étre contrains de luy porter les clefs de leur ville. Et en
effet leurs pertes étoient fi grandes, & de telle importance, que hors de
la protection d'Annibal, ils ne pouuoient auoir recours qu'à la clemence
de Scipion.

Les Barciniens toutefois, dont le party étoit le plus riche, & la ligue
confequemment la plus forte dans Carthage, s'opofant à cette refolution,
en prirent vne nouele de contribuer en particulier à vne feconde leuée

de

de Soldats, pour métre fur pied vne armeé auffi grande que la premiere
Et en effet à force d'argent ils enuoyerent bien-tôt à Afdrubal, & à Syphax, vn fi grand nombre de gens de guerre, qu'à peine pouuoient-ils
reconoitre le domage qu'ils auoient encouru.

Ils n'eurent pas plutôt refait leur armée, & mis à fon jour leur premiere
puiffance, pour fe faire craindre autant que iamais, qu'ils fe camperent
aupres des Romains? auec deffein fans doute, de les étoner d'abord par
l'éclat de leur force toujours naiffante; Mais Scipion qui ne cherchoit
que de nouueaux fujets de gloire, leur fit bien-tôt conoitre q'uils n'a-
uoient trauaillé que pour fon établiffement. Il auoit vne armée pareille
en nombre à celle de fes enemis, ie dis en nombre feulement, puis que
d'ailleurs elle pareffoit diferente en toutes chofes. Celle des Carthaginois
compofée de gens ramaffez, & dont les Capitaines à force de mal-heur
étoient auffi habituez à la fuite, qu'au combat, ne portoit pour Enfeigne
que l'Efperance? mais celle des Romains toujours Triomphante, comme remplie de Soldats qui fçauoient l'art de triompher par tout, & comandée encore par vn Chef auffi heureux que vaillant, faifoit voir dans
fes Etandars & la Fortune & la Victoire également enchenées au char
de fa valeur.

Ces deux grandes Armées fe fuiuirent long temps reciproquement,
tantôt l'vne tenant le deuant, & tantôt l'autre, à deffein de treuuer vne
affiete de Camp qui leur fut auantageufe. Le choix n'en fut pas plutôt
fait, qu'on atandoit de part & d'autre le fignal de la Bataille. Scipion qui
ne vouloit rien hazarder que fort à propos, & qui fe feruoit vtilement
de toutes les ocafions que le tems & les lieux luy offroient par bon-
heur, ou par rencontre, fe defendoit feulement contre les écarmou-
ches des enemis, fans témoigner le deffein qu'il auoit d'en venir à vn
dernier combat. Ce qui métoit en peine les Carthaginois dans l'impatience où ils étoient, en l'atante de la Bataille.

Quelques jours fe pafferent en des ataques particulieres, quoy que
fanglantes, fans que pas vn des deux partis en reçeut vn notable domage.
Mais à la fin Scipion preffé également du tems, & de l'ocafion, de-mé-
me que de fon courage & de la fortune, prefenta la Bataile à fes enemis,
apres les auoir reduits en état, ou de fuir, ou de combatre. Ils fe refolurent à fuiure le dernier party; les deux Armées s'apelant au combat par
la trompete de leurs cris épouuentables, fe donnerent à la fin reciproquement le fignal de la Bataille. D'abord la caualerie Romaine, començant la premiere ataque contre les Numidiens, leur fuite la termina bien
tôt, & à leur confufion, & à leur honte? Mais les Carthaginois d'vn autre
côté qui s'étoient atachez de fort pres auec les troupes que conduifoit

H

Maffiniffa, reparant la honte de leurs compagnons, par vn courage inuincible, caufoient autant de morts qu'ils donoient de coups. Il eft vray
qu'étans preuenus le plus fouuent ils encouroient le méme trépas qu'ils
preparoient aux autres. La mélée étoit fanglante & funefte: le combat
furieux & épouuentable. Maffiniffa toutefois acoutumé à vaincre, fe fit
bien tôt jour dans l'infanterie Carthaginoife, étant fuiuy d'vn grand
nombre de Soldats choifis, qui à fon exemple cherchoient la mort, ou
pour la reçeuoir, ou pour la donner, fans fe pouuoir arreter en cette
courfe. De forte qu'animé d'vne certaine valeur affectée à fa naiffance
royale, & infpiré d'vne fureur qui n'auoit que la gloire pour objet, luy
feul conduit par fon genie inuincible, fe faifoit par tout vn chemin de
Triomphe, incognu aux autres.

Scipion d'ailleurs fpectateur pour vn moment du combat de fes
legions, auec les Celtiberiens, s'abandona bien-tôt dans la mélée, il ne
fe contentoit pas d'agir de parole pour comander, il faloit encore qu'il
executat luy-méme fes comandemens, fçachant que fes actions auoit
beaucoup plus de pouuoir que fes paroles. Et certes la feule prefence de
ce grand Capitaine, étant vn objet de bon-heur & de gloire à fes Soldats,
vn de fes regards fur eux, ou vn des leurs fur luy, auoient vne vertu
fecrete; mais fi puiffante pour leur faire méprifer les perils & courre au
deuant de la mort, qu'ils ne pouuoient étre vaincus qu'apres luy, fi
les Dieux mémes ne l'ordonoient d'vne autre forte? tant ils étoient
atachez à fa fuite de cœur & de penfée, d'action & d'efprit. Ce qui tenoit
toujours la victoire de fon party, au prejudice de fes enemis, & malgré
tous les efforts de leur refiftence.

Afdrubal auffi vaillant que mal-heureux, fe laiffoit à toute heure emporter aux efforts de fon grand courage, pour reparer en perfonne le
defaut de vigueur qu'il remarquoit en fes Soldats: puis fuiuant les confeils de fa prudence il moderoit la violance de fa fureur, afin de fe pouuoir feruir de fon jugement en toute forte de rencontres. Tantôt on le
voyoit à la téte de fon infanterie pour la faire auancer à propos, & fans
confufion, n'agiffant que de la voix feulement. Tantôt il fe faifoit remarquer au milieu de fa caualerie, en action de comander de la main
plutôt que de la langue. Ie dis remarquer, puis que parmy fes Soldats fa
valeur extraordinaire le faifoit toujours paffer pour Capitaine. De forte
que fon courage dans les ataques, fa prudence dans les ordres, & fon
abandonnement dans les perils, pour les faire executer à fa fuite auec
moins de crainte, rendoit l'iffuë du combat bien douteufe; quelques
efforts que fiffent les Romains pour fe la rendre fauorable.

Syphax en fon particulier agiffant d'efprit & de corps, puis qu'il y

aloit de fon refte; ie veux dire & de fon honeur, & de fa vie? fe treuuoit
prefent par tout où il jugeoit eftre neceffaire, animant les plus courageux de fa voix, & les autres de fon action méme, pour faire voir à fes
Soldats qu'il en preferoit la qualité à celle de Roy. Ce qui les encoura-
geoit veritablement de nouueau à pourfuyure la victoire qui fuyoit
encore de tous côtez; Mais à la fin, les Romains fe treuuans feuls en
cete pourfuite, apres auoir défait tous leurs Riuaux, en r'emporterent
toutes les courones. Afdrubal & Syphax, toujours mal-heureux dans
le combat, & toujours heureux dans la fuite, eurent ce feul auantage
pour confolation, de priuer le vainqueur de l'honeur de leur Triomphe;
croyant qu'ils n'auoient encore, rien perdu, puis qu'ils s'étoient fauuez.

La nuit fauorifa leur retraite! quoy que d'ailleurs Scipion, ou pour
mieux dire tous les Romains enfemble fuffent fi las de tuer des Carthaginois, qu'on fe treuuoit à la fin contraint de faire grace à ceux méme
qui ne la demandoit pas. La tragedie de cette defaite fut fort fanglante,
& quoy que les Carthaginois & les Romains l'euffent reprefentée du
commencement tous enfemble, y faifant & les vns & les autres leur
perfonage;les Romains au dernier acte y facrifiant tous les Carthaginois,
eux feuls en furent le fujet. Afdrubal & Syphax eurent beau fe fauuer à
la fuite pour ne feruir pas de victime à ce facrifice; leur reputation y fut
immolée à leur place, ce qui rendit leur fort auffi malheureux que celuy
de leurs compagnons auoit été funefte.

Scipion victorieux & Triomphant fe treuuoit inquieté dans fon bon-
heur, puis qu'Afdrubal & Syphax auoient emporté auec eux la derniere
courone de fa victoire & de fon Triomphe. Ce qui le fit refoudre
d'enuoyer à leur fuite, dés le lendemain au matin Maffiniffa & C.Lælius
auec la plus grande partie de l'armée, ne pouuant foufrir que ces voleurs
de leur propre reputation fiffent encore ce nouuel échec à la fienne, de
le vaincre dans leur défaite en fuyant, ou du moins de luy oter le moyen
de fe preualoir de fa victoire, en demeurant toujours en état de remétre
vne nouuele Armée fur pied.

Il fe tint fur les lieux auec le refte de fon Armée, qui étoit toutefois
aufsi grande que s'il ne l'eut point feparée, comme faifant luy feul toute
fa force, par la feule renomée de fon nom. Et en effet fa reputation luy
ouurit les portes des villes, auant méme de les fomer de fe rendre;
Tandis que Mafsiniffa & C.Lælius auffi heureux que luy, comme acom-
pagnez de fa fortune, faifoient de nouueles entrées de Triomphe par
tous les lieux où ils paffoient. La plus glorieufe & la plus vtile toutefois
fut celle qu'on prepara à Maffiniffa dans la Numidie, dont il entra de
nouueau en poffeffion. Syphax cependant qui auoit pris fa route vers

son Royaume paternel, & fait vne nouuele leuée de gens ramassez, venant à rencontrer Massinissa & C. Lælius, qui le cherchoint, eut la temerité de leur presenter Bataille, & à méme tems aussi la honte, apres l'auoir perduë, de seruir en persone de trophée à ses vainqueurs. En quoy il témoigna veritablement être passioné apres sa perte, puis que la preuoyance qu'il en auoit euë, n'auoit pû luy en faire éuiter ny le peril, ny le domage.

Il fut pris auec vn grand nombre de ses Capitaines, & à l'instant Massinissa se seruant à propos de l'ocasion de son mal-heur, s'auança de quelques journées deuant C. Lælius, & amena auec luy deuant la ville de Cirta, Capitale de son Royaume, ce Roy infortuné, afin de la contraindre à se rendre, par la seule force de la misere & de la captiuité de ce Prince present. Ce qui luy reüssit si heureusement, que des la premiere semonce qu'on fit aux habitans d'en ouurir les portes, on porta les clefs à Massinissa.

D'abord il se saisit de la maison Royale, & à son entrée la Reyne Sophonisba se jetta toute éplorée à ses pieds, & les rendit immobiles, n'ayant plus la force de marcher plus auant, délors qu'il eut jeté les yeux sur Elle. Les larmes & les soupirs de cette belle Princesse disposerent les premiers, le cœur de Massinissa à la pitié, tandis que ses regards & ses atraits le charmant d'amour, il se treuua enchené auant qu'il eut preueu sa seruitude : & il ne fut pas plutôt reduit en cet état, où il ne pouuoit rien refuser qu'elle luy parla en ces termes.

„ Grand Prince dont la valeur ne se peut comparer aujourd'huy qu'a „ ma misere, dans le deplorable état ou m'a reduite mon malheur, si „ jamais vôtre cœur genereux a été touché d'vn sentiment de compas- „ sion, à l'objet de quelque miserable. Iétez les yeux sur cette infortunée „ Princesse, & sauuez luy l'honeur, puis que vous faites profession de le „ suiure. Ie ne vous demande point la vie, les forces me manquent pour „ en porter le fardeau; ie ne souhaite que la liberté de mourir, preferant la „ mort à la seruitude. Vous cognoissez ma naissance, & vous ne doutez „ pas de ma condition; mais ie vous suplie tres-humblement de conside- „ rer qu'encore que ie sois & fille, & feme, des deux plus grans enemis que „ vous ayez au monde, mon mal-heur, & mon sexe vous otent les armes „ des mains pour vous venger d'eux, sur moy, dans la foiblesse, & dans la „ soumission ou ie me treuue. Que si mon destin toutefois, ou le sort de „ la guerre vous forcent à m'abandoner à la mercy de mes enemis; i'ay „ assez de courage pour me venger de la Fortune, faites moy cognoitre „ seulement vôtre volonté, & ie vous feray voir ma resolution.

Massanissa étonné d'vne tele rencontre, rauy d'vn si bel objet, &
								touché

touché viuement de ces difcours, ne fçeut d'abord que luy répondre; fes
yeux charmez, auffi bien que fes oreilles, en l'admiration de tant de
beautez, & à loüie de fi douces paroles, ne luy donnerent d'autre liberté
que celle de foûpirer, pour marque que fon cœur étoit enchéné & que
fa raifon méme autorifoit fa defaite. Ce méme objet toutefois, que luy
auoit oté la parole, la luy rend pour luy répondre en ces termes: Apres
luy auoir doné refpectuefement la main pour fe leuer.

Heureufe & Defolée Princeffe, puis que voftre merite eft plus grand
encore que voftre malheur, voftre efperance doit furmonter voftre
crainte. Quand la Fortune vous a liurée entre mes mains, elle vous à
doné le pouuoir de vous venger de fa perfidie, par la fidelité que ie vous
prometz: voftre honeur, ne differe plus du mien, & ma mort feule
peut métre en hazard voftre vie. Et pour vous faire conoitre que mon
Cœur, me fugere tout ce que je vous dis, il fe done luy-méme, puis
que je vous deftine à porter la qualité de mon Epoufe.

Certes cette belle Princeffe n'eut pas beaucoup de peyne à triompher
de ce grand Roy. Il étoit entré victorieux dans la ville, & à la premiere
rencontre d'vne feme, laiffant choir à fes pieds les courones de fa victoire, vn regard luy fait la loy, vne larme l'enchene, & vne feule parole le
reduit en état d'étre hay de fes amis mémes. Il eft vray pour fon excufe,
qu'il étoit home, & qu'vn cœur foupirant de regret, dans le plus beau
corps qui fut jamais, en pût faire foupirer vn autre de compaffion, &
en fuite d'amour, felon la difpofition ou l'on fe trouue; mais apres tout
il faut auoüer noftre foibleffe, & chercher vne nouuele raifon hors
d'ellle méme, pour authorifer cette forte de defaut.

Maffiniffa amoureux de cette Princeffe fe refoud à l'époufer, ne pouuant luy conferuer feurement l'honeur qu'en qualité de fon Epoufe, &
il n'eut pas plutót terminé la magnificence du iour de fes noces, que C.
Lælius arriuant à fon deçeu, apres auoir été informé de tout ce qui fe
paffoit, luy fit de fenfibles reproches, mais confiderant que de cette
extremité il pourroit aifément fe porter à vne autre, dans l'aueuglement
où il étoit; Il fe contenta de luy auoir reprefenté fa faute, en atandant
l'ocafion de l'en faire repentir.

Le mal'heureux Syphax, dont la perfidie auoit contraint les Dieux
d'apefantir leur main vengereffe fur fa téte criminele, fe vit punir de ce
nouueau fuplice d'affifter aux funerailes de fon honeur dans fon Palais
Royal, ou les noces de Maffaniffa & de Sophonifba, auoient été
celebrées. Ce Prince, dis-je, également afeffé fous le fardeau de fes
mal'heurs, & de fes chenes, eut ce lache courage de furuiure à la plus
noble partie de foy méme, fe voyant rauir tout à la fois fa feme, fon bien,

I

& fa liberté, fans en mourir de regret, ou de rage ? Mais quoy, les Dieux vouloient prolonger fes jours pour acroitre le nombre de fes peynes.

Maffiniffa & C. Lælius refolurent de l'enuoyer à Scipion, tandis qu'ils pourfuiuroient leurs victoires, pour affujetir le Royaume entier. Les nouueles de fon ariuée au Camp, partagerent tout à coup l'efprit des Soldats; les vns foupirant de trifteffe, au recit de fes infortunes, & les autres refpirant de joye pour vn méme fujet. Mais deflors que tous enfemble eurent jetté les yeux fur luy, ou plutôt fur le nombre infiny de miferes, dont il étoit enuironé en fa feruitude, il ny eut plus de partage, tous fe treuuerent egalement difpofez à compatir à fon infortune. Il auoit beau porter encore auec ce nom de Syphax, la qualité de leur enemy, fon mal'heur & fes chenes en effaçoient le fouuenir, & le méme courage qu'ils auoient eu autrefois à le vaincre, leur donoit quelque fentiment de pitié en le voyant vaincu.

Scipion toufiours luy méme, ie veux dire le plus genereux & le plus magnanime qui fut jamais, fe leuant de fon fiege à fon ariuée, luy alla au deuant, le faliia, & le reçeut en Roy, quoy qu'il ne parut plus à fes yeux qu'en efclaue. D'abord ce grand Capitaine d'vn vifage plus émeu de compaffion, que de colere, luy dit; Qu'il ne s'etonoit pas de ,, l'excez de fon mal-heur, cognoiffant l'enormité de fon crime ? mais ,, qu'il voudroit bien aprendre de fa bouche le fujet qui l'auoit porté à ,, luy faucer la foy. Syphax luy répondit que l'amour en étoit la caufe, ,, & que les chenes dont il s'étoit feruy pour affujetir fa raifon, étoient ,, bien plus fortes que celles dont il auoit les mains liées. Que la feule ,, confolation qui luy reftoit dans fon infortune, c'étoit de fçauoir, que ,, la méme Sophonifba qui auoit vaincu Syphax, auoit Triomphé de ,, Maffaniffa, quoy qu'il eut toujours deuant fes yeux, l'honeur & le ,, refpect qui étoient deus au Senat Romain, dont il violoit les loïx, & à ,, la continence de fon Capitaine, dont il bleffoit la reputation.

Ces difcours ne pleurent pas à Scipion, come intereffé en cette faute, puis que celuy qui l'auoit comife s'étoit feruy de la force de fes armes.

Il cacha toutefois fon reffentiment, & ne fit parétre que celuy de fa compaffion touchant l'infortune de ce Prince, fe refouuenant encore du bon acueil qu'il luy auoit fait autre fois chez luy. Ce qui l'obligea à le traiter auec toute forte de douceur ! quoy qu'il y fut refolu d'ailleurs felon les loix que fa generofité, & la condition du prifonnier luy auoient déja prefcrites.

Maffaniffa & C. Lælius arriuerent au Camp, quelques jours apres chargez d'honeur & de depoüilles, ayant conquis en peu de tems tout le Royaume de Syphax, dont ils receurent publiquement, de la

bouche méme de Scipion des loüanges, du prix de mille couroncs.
Veritablement la valeur de Maſſiniſſa & le courage de C. Lælius, joins à
la fortune de Scipion, luy auoient aſſuiety de nouueau vn monde de
peuple. Ce qui obligea Scipion à les combler d'honeur, puis que c'étoit
leur ſeul élement, Mais ſe ſeruant vn jour à propos, de l'ocaſion pour
„ parler en ſecret à Maſſiniſſa, il luy dit: Qu'il s'étonoit fort que la con-
„ tinence qu'il auoit toujours gardée & profeſſée en toute ſorte de ren-
„ contres, l'eut perſuadé d'en violer les loix, au lieu de les ſubir, au mi-
„ lieu de ſon Armée. Qu'apres auoir vaincu Syphax, auec la force du
„ peuple Romain, pris ſa feme, aſſuietty ſon Royaume, & tous ſes ha-
„ bitans enſemble, il eut eu la hardieſſe, ou plutôt la temerité, de s'apro-
„ prier le plus riche butin de ces conquétes, & de ſon authorité abſoluë,
„ triompher luy ſeul de cette victoire, à la honte du Senat, & au mépris
„ de leur Capitaine. Que cette faute ſans exemple, & d'vn notable interet
„ à la Republique, l'obligeoit en oubliant tous les ſeruices qu'il luy auoit
„ rendus, de le punir, au lieu de le recompenſer. Il luy repteſenta en ſuite,
„ que la victoire que nous remportions ſur nous mémes, étoit la ſeule
„ qui nous rendoit digne de l'honeur du Triomphe: Et que la valeur & la
„ fortune auoient beau nous faire acquerir de la reputation dans le mon-
„ de, elle n'auoit iamais vn ſolide fondement, s'il n'étoit établi ſur celuy
„ de nôtre propre vertu, come étant à l'épreuue de toutes choſes. Ce qui
„ le deuoit perſuader de là en auant de rendre toujours ſa raiſon abſoluë
„ ſur ſes volontez, pour s'exemter tout à la fois, & des reproches publi-
„ ques, & du repentir particulier, qui bourrele ſecretement les criminels.
„ Que tout le conſeil qu'il luy pouuoit doner en qualité d'amy, plutôt
„ que de juge, dans l'état où il le voyoit reduit, c'étoit de reparer prom-
„ tement ſa faute, par vn regret auſſi public qu'elle, abandonant ſa con-
„ quéte à la rigueur de la loy, & au iugement du Senat, pour reçeuoir de
„ ſa clemence ou de ſa juſtice, la grace ou la peine, ſans murmurer con-
„ tre ſes decrets.

Maſſaniſſa confus & étoné à l'oüye de ce diſcours, & au ſouuenir de
ſa faute, fit voir dans cét étonement & dans cette confuſion, qu'il étoit
touché de repentance. Et certes étant deuenu muet à force de douleur,
ſon ſilence plaida ſi heureuſement ſa cauſe, que Scipion ſe ſentit forcé à
le punir auec douceur. Ce Prince toutefois bleſſé juſques au vif du ſeul
regret de ſon crime, ſe voulut punir le premier en ſe priuant pour iamais
de ce qu'il auoit de plus cher au monde; & en cette reſolution il s'en ala
dans ſa tante, où apres auoir vuidé par ſes yeux, l'amertume qu'il auoit
dans l'Ame, il minuta l'Arreſt de mort contre ſa chere Sophoniſba. Ie
vous laiſſe à conſiderer en quelle confuſion ſe treuua ſon eſprit, à la pre-

miere penſée d'en ruïner l'entretien & les delices: En quelle defaillance
ſon cœur, dans le deſſein de détruire l'vnique objet de ſon amour: & en
quel ſuplice ſon Ame, auec cette volonté determinée, de ſacrifier au
deſeſpoir, pour aſſouuir ſon mal-heur, la plus ſenſible partie de ſoy-mé-
mes. Certes ceux qui ſçauent que cet d'aimer, n'auront pas beaucoup de
peine à croire que la tyranie n'auoit point encore inuenté vn tourment
auſſi cruel que celuy dont ce Prince ſe ſentoit bourrelé, dans la contrainte d'imoler de ſa main propre, tout ce que la nature auoit fait de plus
beau à ſes yeux, & de plus adorable à ſon Ame, ſans autre raiſon que
celle des loix de la guerre. Mais come elles étoient inuiolables dans la
profeſſion qu'il faiſoit: d'vn courage plus animé de fureur, que de magnanimité, il déchira tout à coup le bandeau de ſon amour, effaça à méme tems de ſon eſprit la belle idée de Sophoniſba, & ſe laiſſant emporter
aux derniers efforts de la neceſſité dona tout à coup du relache à ſes ſoupirs, apres auoir eſſuyé ſes larmes pour auoir la liberté de comander à vn
de ſes plus confidens, d'aller treuuer Sophoniſba, & luy porter de ſa
part le preſent qu'il luy faiſoit d'vne boite de poiſon. Ce courier de
la mort courant auſſi vite que cette funeſte Déeſſe, treuua la mal-heu-
reuſe Sophoniſba dens ſa couche, ou plutót dans ſon tombeau, puis
qu'elle ne s'en releua jamais.

　　D'abord luy ayant preſenté cette funeſte boite que ie comparerois à
celle de Pandore, ſi le Deſeſpoir n'eſtoit au fonds plutoſt que l'Eſperance, il luy dit qu'il étoit tems de mourir, & que Maſſiniſſa ſon Epoux luy
en donoit tout à la fois & l'auis, & le moyen pour luy tenir ſa parole.

　　Cette iûne Princeſſe, à qui la Nature auoit doné en partage, & toutes
les beautez, & tous les mal-heurs, reçeut ce preſent ſans s'étoner, &
répondit à celuy qui le luy auoit aporté, apres l'auoir fait détremper
dans vne coupe, qu'il luy étoit fort agreable, puis que c'étoit le premier
qu'elle receuoit de ſon Epoux? Mais qu'elle auoit ce regret d'auoir pro-
longé ſes jours, ſans auoir pû acourcir ſes miſeres. Qu'elle le priet de
rendre témoignage de ſes actions, auſſi bien que de ſes paroles à Maſſiniſſa, l'aſſurant qu'elle mouroit en Reyne, auec le méme courage qu'elle
auoit vécu, pour ne dementir pas la qualité qu'il luy auoit donée de ſon
Epouſe.

　　Cette derniere parole luy laiſſant encore la bouche ouuerte, elle fut à
l'inſtant remplie du poiſon qu'elle beut, dont la force détruiſant peu à
peu celles de ſa vie, cette grande beauté qui l'acompagnoit s'éuanouyt
auec elle. Ce qui nous fait voir ſenſiblement que toutes les qualitez
dont la nature enrichit vn corps, ſe détruiſent ſans relache auec luy méme, & à la fin s'euanouyſſent tous enſemble, & de nos yeux & de nôtre

memoire,

memoire, comme ſi nous ne pouuions conſeruer le ſouuenir de ſi pû de choſe.

Maſſiniſſa fut touché de cette perte?comme s’il ſe fut repenty de ce qu’il auoit fait , & Scipion n’en eut pas plutôt apris les nouuelles, qu’il luy repreſenta en particulier la ſeconde faute qu’il auoit faite, de reparer vn excez d’amour , par vn excez de cruauté , puis ſoulageant ſon eſprit affligé de tous les diſcours qui le pouuoient conſoler, il luy fit conoitre l’eſtime particuliete qu’il faiſoit de ſon merite, & dés le lendemain méme il luy en dona de ſi fortes preuues,qu’il ne fut plus en état den douter.

Ce fut dans vne Aſſemblée publique,où Scipion preſidant comme chef d’armée, ou plutôt comme Conſul qui repreſentoit en cette qualité, l’authorité du Senat, apres auoir loüé hautement ſa vertu , & repreſenté en ſuite les importans ſeruices que ſa valeur & ſon courage auoient rendus à la Republique , luy dona le titre de Roy , & à méme tems vne courone d’or, vn Sceptre, & vne chaire d’iuoire, auec la robe affeĉtéeà cette qualité. Mais pour comble d’honeur encore , il luy fit conoitre que le prix de ſes faueurs étoit la premiere recompenſe, dont le peuple Romain auoit gratifié vn Prince étranger.

C. Lælius receut auſſi également & de ſa bouche & de ſa main la recompenſe qui étoit deuë à ſa vertu, par les éloges que Scipion luy dona, & par le preſent qu’il luy fit d’vne corone d’or. Tous les autres Capitaines , & mémes les Soldats de marque eurent part à ces reconoiſſances publiques, comme ayant obligé le vainqueur à ſe ſouuenir qu’ils auoient trauaillé auec luy aux preparatifs de ſon Triomphe.

Maſſiniſſa fut ſi ſatisfait en ſon particulier des honeurs qu’il auoit receus, qu’il perdit bien-tôt le ſouuenir de la perte qu’il auoit faite, ſe donant tout entier à ſon ambition, pour afermir ſur ſa téte , à l’aide de ſa valeur, la courone qui luy auoit été preſentée. Scipion toutefois receut tout l’honeur & tout le contentement de ces aĉtions de juſtice & de reconoiſſance, s’étant ſatisfait en cela le premier, Et certes la gloire qui luy en demeura pour ſon interet, fut d’vn tel prix & d’vn tel éclat, que ſes enemis méme s’acoutumoient peu à peu à ſoufrir les loüanges qu’on luy donoit, voyant qu’il n’auoit de paſſion que pour recompenſer la vertu à force de l’aymer, & de punir le vice à force de le haïr, mais d’vne haine mortele.

Cette grande renomée ne le faiſoit pas moins craindre qu’aimer, & cette crainte rendoit les Carthaginois ſi humbles , apres tant de défaites, que ne ſongeant plus aux moyens de conquerir, mais plutôt à ceux de ſe conſeruer eux mémes, ils rapelerent Annibal, auec reſolution de demander la paix à Scipion. Leurs Ambaſſadeurs le furent treuuer dans

K

ſon Camp, & entrant dans ſa tante ils ſe proſternerent d'abord à ſes pieds, afin de luy témoigner dans leurs ſoumiſſions ſeruiles, qu'ils étoient en état de ſubir les loix de ſes volontez.

„ Leur harangue les declara coupables, par la confeſſion de leur infi-
„ delité, dont ils s'excuſerent ſur le mauuais conſeil qu'on leur auoit
„ doné. Et en ſuite elle luy repreſenta que le peuple Romain cherchant,
„ ſa gloire dans la ſoumiſſion de ſes enemis, plutôt que dans leur ruïne
„ il auoit ſujet de ſe contenter, puis qu'il les voyoit à ſes pieds, vaincus
„ par ſes armes, humiliez par la juſtice des Dieux, & reduits en état à
„ force de miſere, de luy demander la paix, aux conditions quil leur
„ voudroit impoſer.

„ Scipion leur répondit que la confeſſion de leurs fautes ne les exem-
„ toit pas de la peine, & que de mémes les excuſes qu'ils métoient en
„ auant du mauuais conſeil qu'on leur auoit doné, ne les garantiſſoient
„ point du blame. Que le Peuple Romain veritablement ayant étably
„ les fondemens de ſa Republique ſur la juſtice, il faiſoit profeſſion de
„ la rendre à vn chacun. Et que c'étoit elle auſſi qui l'obligeoit mainte-
„ nant dans la défaite de ſes enemis, à les punir de leur infidelité, en
„ leur impoſant des loix extremement auſteres.

Il leur propoſa en ſuite quelques conditions de paix, qu'ils firent ſemblan d'agréer pour conclure la treve, & gagner tems, en atandant l'arriuée d'Annibal, en qui ſeul ils auoient mis toute leur eſperance : Ils enuoyerent encore de nouueaux Ambaſſadeurs à Rome, à méme deſſein de demander la paix auec leurs ſoumiſſions ordinaires, pour doner tou-jours plus de loiſir à Annibal de ſe preparer à vne derniere Bataille, & obliger à méme tems les Romains à ſe relacher des conditions trop au-ſteres qu'ils leur vouloient impoſer. Tout leur reüſſit come ils l'auoient projeté. Annibal fut le dernier Ambaſſadeur qu'ils deputerent vers Sci-pion pour le perſuader à faire la paix, ou à ſon refus, luy donner Bataille pour terminer la guerre, n'étant plus en état apres tant de défaites, de ſe defendre par les armes; mais plutôt par la ſoumiſſion, come l'vnique remede à leur mal. Les conditions de leur entreueuë ayant été propoſées & acordées de part & d'autre, & les lieux deſtinez à ce pourparler, choiſis & agreez reciproquement, ces deux grands Capitaines; mais les plus grands ſans diſpute de toute la terre, ſe virent, ou plutôt s'admire-rent également, demeurant tous deux étonez d'abord à force de reſpect.

Certes ils auoient beaucoup de raiſon à ſe contempler également durant leur ſilence reciproque; puis que tous deux comblez d'honeur & de gloire par vne ſemblable Renomée, ſe ſeruoient de miroir, où ils voyoient dedans les Majeſtez que la nature auoit imprimées ſur leurs

viſages, pour faire adorer de toute la terre leur incomparable valeur.
Annibal n'auoit point de pareil que Scipion : & Scipion ne pouuoit ſoufrir de comparaiſon qu'auec Annibal. Et comme ces veritez n'auoient
pour fondement que le raport de la gloire de l'vn, à la reputation de l'autre ; cette reciproque reſſemblance de vertu, les rendoit ſans doute
muets à leur premier abord ; ayant plus de ſujet de s'admirer, pour contenter leur eſprit, que de parler enſemble, pour terminer leurs affaires.
Annibal le plus intereſſé, fut le premier qui luy parla en ces termes.

„ *Scipion, puis que la juſtice des Dieux me contraint à demander la paix*
„ *au Peuple Romain, apres auoir été le premier à luy declarer la guerre. Ie*
„ *m'eſtime heureux qu'entre tous les grands Capitaines de ſa grande Republique,*
„ *Elle t'ait choiſy pour me l'acorder. Ie ſçay bien que le deſir de venger la mort*
„ *& de ton Pere, & de ton Oncle, t'ont mis les armes à la main ; & que tu*
„ *n'auroit point d'honeur maintenant à les quiter, ſi tes enemis vaincus n'im-*
„ *ploroient ta clemence, apres auoir trop ſouuent éprouué ta valeur, Mais te*
„ *voyant aujourd'huy à la veille d'vn dernier triomphe, ie viens t'offrir, pour*
„ *en acroitre la Pompe & les Trophées, l'homage que les Carthaginois te rendent*
„ *par ma bouche ; confeſſent auec moy que tu es leur vainqueur. Ie ne veux*
„ *point te repreſenter de nouueau les auantages que i'ay r'emportez en Italie ;*
„ *Il me ſufit que tu ſçaches, Que ſi Carthage eſt épouuentée au bruit de ton nom,*
„ *le mien a fait trembler Rome autrefois, auec toutes ſes forces. Ie me ſoumeʒ à*
„ *ta fortune : ie me rens à ta vertu : & quoy que i'aye encore les armes à la main,*
„ *ie les mets à tes pieds ; aymant mieux prendre ta raiſon pour arbitre de nos*
„ *diferens, que le ſort de la guerre. Ne te fie point au bon heur qui te ſuit : Celuy*
„ *qui m'acompagnoit à Canes eſtoit ſans exemple : il ne fit pourtant que paſſer*
„ *ſur ma téte en la coronant de lauriers. La mort de mes freres, & la deſolation*
„ *de ma patrie, les metamorphoſerent en Cyprés, pour me rendre aujourd'huy*
„ *deuant tes yeux vn objet de compaſſion, apres auoir été autresfois celuy de ta*
„ *jalouſie. I'ay triomphé comme toy, & comme moy auſſi tu peus demain joüer à*
„ *ma place, le perſonage de ſupliant, que ie repreſente. Ie veus que tu gaignes la*
„ *Bataille, que tu me forceras de doner : quel auantage en r'emporteras-tu, plus*
„ *grand que celuy que ie t'offre ? la ſoumiſſion que ie te rens t'adreſſe à ton merite,*
„ *plutót qu'à ta fortune ; & je me confeſſe vaincu par la juſtice de tes armes,*
„ *plutót que par leur force. Les Carthaginois recognoiſſent leur faute, impoſe*
„ *leur en la peine, & quoy que tu ſois, & leur partie & leur Iuge tout enſemble,*
„ *ils ne doutent non plus de ta probité, que de ta valeur. Pourquoy veus-tu tenter*
„ *le peril d'vn combat, dont ie te cede la victoire ? Les corones que ie te preſente*
„ *doiuent bien étre plus conſiderables, que celes que la Fortune te promet ; car*
„ *encore que tu ayes vaincu tous les Capitaines Carthaginois, ie puis en vn mo-*
„ *ment reparer & la honte & le domage de leur défaite : Mes forces égalent les*

„ *tiennes ; & si la Fortune se partage dans le combat, tu n'en r'emporteras que*
„ *la moitié de la gloire. Fay nous donc justice Scipion ; Annibal est vaincu,*
„ *puis qu'il le confesse : Carthage est ta captiue, puis qu'elle te demande la liberté:*
„ *en accordant la paix à nostre soumission, tu termines la guerre à ton auan-*
„ *tage ? Que sçaurois-tu souhaiter en cette renoontre, que d'auoir pour toy tout*
„ *l'honeur ; & ne nous laisser que la honte. Mais dans le deplorable état où*
„ *le malheur nous a reduits, nous aymons mieux implorer le secours de ta bonté,*
„ *que reçeuoir la loy de ta fortune.*

     A ces derniers mots Scipion, beaucoup plus eloquent encore qu'Annibal, luy répondit de la sorte.

„   *Annibal, i'ay de la peine à croire que les Dieux te forcent à me demander la*
„ *paix ; puis qu'ils m'ont inspiré le dessein aujourd'huy de te faire la guerre. Leur*
„ *justice te pourfuiuant aussi bien que moy ; il faut de necessité que tu la satisfaces,*
„ *si tu veux me contenter. Il est vray que la mort de mon Pere & de mon Oncle,*
„ *m'ont mis les armes à la main, & que ie ne sçaurois les quiter auec honeur, si*
„ *ie n'auois contraint toute l'Afrique à porter le dueil de leur trépas. Mais au-*
„ *jourd'huy que leurs funerailles se celebrent encore dans ton Camp ; apres auoir*
„ *puny les Carthaginois pour venger le Peuple Romain, ie te feray voir, que ie*
„ *suis disposé à t'ácorder la paix, si tu es resolu à subir les conditions qui t'en se-*
„ *ront proposées. Ie sçay bien que le seul bruit de ta reputation à épouuenté toute*
„ *l'Italie. Que Canes t'a veu Triomphant ; & que si la Fortune n'eut été hon-*
„ *teuse de te suyure si long temps, tu eusses peu me doner la loy que ie te dois pre-*
„ *scrire. Mais sçaches, Annibal, que l'innocence est toujours victorieuse, & que*
„ *ce que tu apeles mal-heur, en oubliant tes crimes, s'apeleroit justice si tu t'en*
„ *souuenois. Ie ne veux point considerer le bon-heur qui me suit dans mes victoi-*
„ *res ; & moins encore me preualoir de ta soumission, dans mon authorité, fay*
„ *toy justice le premier, & ie te feray raison. Tu sçais bien que tu plaides vne*
„ *cause qui te fait rougir de honte, soutenant des perfides, qui apres auoir violé*
„ *leur foy publiquement, ont fait vne habitude de ce crime, au lieu de s'en repentir.*
„ *Mais pour te témoigner que le Peuple Romain tire sa gloire de sa clemence,*
„ *aussi bien que de sa force, & qu'il sçait faire la paix quand il est tems, de mé-*
„ *me que la guerre quand il est juste, repare le domage qu'on luy a fait, & nostre*
„ *dispute est terminée. Tu as beau te confesser vaincu, ie ne tire point d'auan-*
„ *tage de ta confession, qu'apres ta defaite, il me sufit de sçauoir qu'elle est ineui-*
„ *table, puis que ie combas pour la raison. Carthage n'est point ma captiue, mais*
„ *ie porte des chaines pour l'en faire: Et les Dieux m'ayant promis toutes ces*
„ *courones de Triomphe que tu me presentes, j'aime mieux les reçeuoir de leur*
„ *justice, que de ton humilité. Puis que les Carthaginois confessent publique-*
„ *ment qu'ils ont faily, il faut que leur peine soit aussi conuë que leur faute ; leur*
„ *repentir ne satisfait que leur conscience ; les interessez demandent vne autre*

forte

„*forte de reparation. N'implore point ma bonté ; ma juſtice eſt en regne, ie ne*
„*puis te faire grace ſans en auoir beſoin moy-méme. Que ſi les conditions de paix*
„*te ſemblent aujourd'huy trop dures, demain elles te feront inſuportables ; d'au-*
„*tant que ma victoire infailible t'impoſera par force, les memes loix que ie te*
„*veux preſcrire par raiſon.*

Ces diſcours animez d'vne majeſté toute particuliere, comme afectée à
la puiſſance & à la fortune de Scipion, auſſi bien qu'à ſa perſone, & à ſa
vertu, étonerent Annibal, ne ſçachant que répondre, pour gaigner ſa
cauſe. Il croyoit que Scipion ſe contenteroit du ſeul honeur de ſes victoires, ſans en conferuer le profit ; & que de la ſorte les Catrhaginois
demeurant toujours paiſibles poſſeſſeurs de l'Afrique, & les Romains
de l'Italie comme auparauant, chacun s'en retourneroit chez ſoy, auec les
ſeules courones de laurier qu'il auroit remportées pour recompenſe de
ſes trauaux. Mais il reconut trop tard à ſes paroles, que ce jûne vainqueur
ne pouuoit aſſouuir ſon ambition, & moins encore moderer l'ardeur de
ſon courage, qu'en Triomphant des Carthaginois : & que le ſeul obſta-
cle de la paix, étoit l'enuie qu'il auoit de faire toujours la guerre, puis que
toujours il en reuenoit vainqueur.

En effet, Scipion ne deſirant point auoir vn riual de cette qualité, &
dont la Renomée diſputoit à la ſiene la préeminence en tous lieux, luy
propoſa des conditions vn peu auſteres, quoy que fort juſtes ; conſiderant le crime de ceux qui les deuoient reçeuoir. Ce qui les fit ſeparer ſans
reſoudre ny la paix, ny la tréve.

Ces deux grands Capitaines également ambitieux d'honeur & de reputation, ſe faiſant vne nouuelle guerre de jalouſie, dans le méme deſſein de r'emporter par vn dernier combat la derniere courone du Triomphe, ſe preparerent à l'inſtant à doner bataille, pour receuoir de la
Fortune, ou plutót de la Iuſtice le prix de gloire qu'ils diſputoient dépuis
ſi long temps. Tout l'Vniuers en étoit la conquéte & le butin. Rome
ou Carthage deuoient comander abſolument à toute la Terre, & ne
pouuant ny l'vne ny l'autre ſoufrir de riuale ny de compagne en cette
domination, il faloit de neceſſité que toutes leurs forces ſeparées en
deux, en decidaſſent le diferent, dont Scipion & Annibal étoient les
ſeuls arbitres.

Mais choſe étrange, que tout le Monde enſemble diuiſé en deux
partis, fit luy-méme les preparatifs, & de ſon Triomphe, & de ſes
Funerailles, dans le deſſein de vaincre ou de mourir. Certes ne vous
étonnez pas ſi ie tiens trop long tems vos eſprits en ſuſpens en l'atante
de la bataille, ie ne ſçaurois diuertir le mien d'vne penſée ſi ſerieuſe à

L

force d'étre importante. La Fortune ayant encore vne fois entre ſes mains le méme Sceptre de l'Empire du Monde que Darius & Alexandre pretendoient. Elle l'expoſoit ce iour là en veuë à Scipion & à Annibal, & tous deux armez pour ſa conquéte, reſpiroient egalement apres ſa poſſeſſion. Quel des deux l'emportera? Toutes les Nations de la Terre intereſſées d'vn côté ou d'autre, faiſoient des vœux en faueur de ces riuaux. Mais les Dieux jaloux que cette volage Deeſſe fut abſoluë & Souueraine en cette ſorte de rencontres, au mépris de leur authorité, luy ôtant ce Sceptre, le done à la Iuſtice pour en couroner l'Inocence, dont l'Armée de Scipion porte les Eſtandars.

Les deux Camps en veuë ne parloient à leur façon, par vn bruit confus & épouuentable, que de combatre. Les Soldats en vouloient venir aux mains, comme s'il euſſent eu de la peine à moderer l'ardeur de leur courage en l'atante du combat. Scipion reſolu à la bataille, s'y preparoit à ſon ordinaire, ſans témoigner de l'émotion ſeulement, que pour la joye qu'il en reſſentoit, dans l'eſperance de la victoire. Et Annibal d'vn autre côté ſe ſeruant à propos & du tems & de l'ocaſion, ne trauailloit à autre choſe : mais d'vn ſoin continuel, puis qu'il y aloit de ſon reſte. Voicy les ordres qu'ils obſeruerent à metre leurs gens en bataille.

Annibal fit vn rempart à ſon Armée de quatre vingts Elephans, pour épouuenter ſes enemis, ayant à combatre contre cette ſorte d'animaux, dont la hauteur & la groſſeur également monſtreuſes, éfrayoient d'abord les plus courageux. Les Liguriens & les Gaulois entremelez des tireurs de fonde, étoient rangez en diuers bataillons deriere ces coloſſes, pour les animer au combat, de la bouche & de la main : ie veus dire, par leur voix & par leurs armes.

Les Carthaginois & les Afriquains, auec la legion Macedoniene faiſoient tous enſemble le corps de la bataille ; & diuers bataillons de gens de pied Italiens, qui auoient ſuiuy par force Annibal, étoient à l'arriere-garde, ayant encore à leur queuë vne petite armée d'Infanterie, comandée par ſon Lieutenant : àdeſſein en éclairant leurs actions, d'apuyer leur valeur ; ou de punir leur lacheté. La Caualerie Carthaginoiſe, & Numidiene, ſeparée en deux eſcadrons, entouroit de deux côtez ſon armée, paroiſſant de la ſorte ſi belle, ou pour mieux dire, ſi puiſſante, qu'à la voir ſeulement on eut été honteux de faire des vœux pour ſa victoire ; puis qu'elle repreſentoit déja l'Image de ſon Triomphe.

Annibal n'eut pas plutôt rengé ſes gens en bataille, que pour la gaigner il voulut les animer au combat auec ſes paroles ; atandant que ſon courage les peut perſuader plus puiſſamment auec ſes effets. Mais comme ſon

Armée étoit compofée de differentes nations, & que chacune auoit fon
langage affecté, & fon interet particulier ; il faloit neceffairement qu'il
fe fit entendre à toutes, & qu'auec leur langue encore il leur fit efperer
pour recompenfe, la poffefion du bien qu'elles fouhaitoient. De forte
qu'il prometoit aux troupes Auxiliaires, auec le payement de tout ce
qui leur étoit deu, vn furcroy de leur folde. Il reprefentoit aux Gaulois
la haine mortele que les Romains auoient conçeuë contr'eux, les ayant
deftinés de tout tems à feruir de victime à leur tiranie. Les Liguriens
animez de l'efpoir du butin, reçeuoient de nouuelles affeurances, que
Rome méme feroit leur conquéte. Il imprimoit en fuite & l'effroy & la
crainte dans l'Ame des Mauritaniens & des Numides, leur faifant voir
leur tombeau ouuert, s'ils tomboient entre les mains de Maffiniffa, comme refolu à fe venger de leur rebellion. Les Carthaginois ayant pour
continuel objet celuy de leur Patrie defolée, il leur faifoit vn nouueau
recit de fes mal-heurs & de fes miferes, par la bouche méme de leurs
femes, & de leurs enfans ; à force de leur depeindre au vif le deplorable
état où ils étoient reduits. De maniere que joignant la force de fon eloquence auec celle de fes Armes, il trouuoit cette inuention dans fon
efprit, de perfuader ceux de fes Soldats de combatre genereufement, &
de mourir de méme.

Scipion de fon côté qui ne perdoit pas tems, mit fes bataillons des
Haftaires & des Princes, noms propres & affectez à cette forte de Soldats,
au front de fon armée, étant foutenus des Triariens, tous gens d'élite &
de courage. Ces bataillons toutefois, quoy qu'vnis chacun en fon
corps particulier, auoient leurs bandes feparées & diftantes de beaucoup
l'vne de l'autre, afin que ces efpaces vuides feruiffent de cariere aux Elephans des enemis ; & que de la forte treuuant le chemin de leur courfe
tout frayé, ils ne fiffent que paffer fans leur nuire. Le corps de la bataille étoit tout d'Italiens, vieux Soldats acoutumez à vaincre & à Triompher, comme ayant vn Capitaine inuincible, dont la fortune acompagnoit infeparablement la valeur. Maffaniffa comandoit la caualerie
étrangere, & C. Lælius la Romaine, faifant tous enfemble, quoy que
feparement, les deux ailes de fon armée. Il auoit mis à fon arriere-garde
deux legions Romaines, pour animer de leur exemple feulement, les
courages timides d'vn nombre infiny de Soldats ramaffez, dont il fe
feruoit par neceffité. Toutes ces forces jointes à vn corps animé de la
valeur de Scipion, donoient de fi belles efperances de la victoire, que
fes Soldats témoignoient autant d'impatience que de courage, pour en
venir aux mains. Mais auant que doner bataille il leur fit cette harangue.

HARANGVE DE SCIPION
A SES SOLDATS.

MES COMPAGNONS D'HONEVR ET DE FORTVNE, *Puis que les Dieux se veulent seruir aujourd'huy de nos Armes victorieuses pour punir la perfidie de nos enemis, faisons voir à toute la Terre que nous l'auons depeuplee de ses Monstres; Si la necessité nous attire au combat, la Iustice nous apele au Triomphe; mais pour en meriter les Courones, il la faut venger en châtiant ces criminels. Que pouuons-nous craindre ayant à combatre des Ames lâches & mercenaires, qui se sont deja voüees à la fuite, comme à leur Deesse Tutelaire, croyant euiter leur mal-heur; en fuyant nostre rencontre; Et que ne deuons-nous pas esperer, puis que tout cede à nostre fortune? Ie veus que le desespoir où nos enemis sont reduits leur done du courage; le nostre inuincible leur fera bientôt conoitre, que tous leurs efforts sont inutiles; puis que nos coups sont tous mortels. Ie ne vous representeray point l'interet de nostre Patrie, inseparable de celuy de nos femes, & de nos enfans. C'est vn objet & de gloire & d'amour, qui s'imprimant de soy-meme dans nos entrailles, ne nous peut doner que des sentimens d'vn courage nompareil, & d'vne valeur semblable, à la ruine de nos enemis. Il me sufit de vous inuiter aujourd'huy à leurs funerailles, puis qu'ils sont deja morts de peur. Nous auons preparé leur Tombeau; alons les enseuelir dedans: & apres y auoir ecrit dessus leur epitaphe, de leur propre sang, alumons ce funeste flambeau qui doit reduire en cendres Carthage. Ie puis vous apeler Inuincibles, ayant toujours Triomphé de vos enemis; ne perdez point ce titre d'honeur qu'auec la vie: Ie ne sçaurois vous reuoir aujourd'huy que morts, ou vainqueurs.*

Cette Harangue anima si fort ses Soldats au combat, que ne pouuant tout à coup moderer cette violente ardeur de courage, dont ils étoient également enflamez, ils seruirent tous ensemble de Trompete pour doner le signal de la bataille; & firent éclater si haut leur voix dans l'air, que le bruit effroyable mit d'abord en fuite vne partie des Elephans des enemis, apres leur auoir fait tourner teste contre eux. Ce desordre qu'ils causerent, suiuy d'vn domage irreparable, seruant d'ocasion à Scipion, il comença le premier l'ataque: mais il fut suiuy de si pres de Massanissa, auec sa Caualerie Numidiene, que tous ensemble mirent en deroute d'vn côté les premiers bataillons des enemis, quelque resistance qu'ils oposassent à leurs forces.

Le reste des Elephans cependant, s'étant tenus ferme à ce premier
bruit,

bruit, & émeus de cholere feulement, ils en faifoient reffentir la fureur & la rage aux Romains; foulant aux pieds tout ce qu'ils trouuoient en leur chemin. Scipion y auoit doné fi bon ordre, que ces beftes ne les pouuoient endomager que dans leurs agonies, lors qu'elle tomboient de foibleffe, ecrafant fous elles tout ce qu'elles y trouuoient, auec le mé-me effort que fairoit vne muraille. De forte que fe rendant toujours redoutables, foit en leur rencontre, foit en leur cheute, les Romains forcez à fe tenir fans ceffe fur leurs gardes pour en éuiter la furprife, en étoient autant foibles, que leur preuoyance arrétoit leur efprit en la pen-fée de ce peril. Ce qui donoit d'vn autre côté de nouuelles forces aux Carthaginois, apres auoir reparé en quelque forte le domage qu'ils auoient encouru de leurs Elephans. Ce n'eft pas que Scipion & Maffa-niffa ne fuffent fait iour auec leur Caualerie, dans les plus épais batail-lons des Liguriens & des Gaulois : Mais Annibal qui auoit également & les yeux & l'efprit par tout, étant acouru à leur fecours, fuiuy des Numides, dont vne partie de fa Caualerie étoit compofée, fa prefence feule, quoy que muete, auoit rapelé les premiers fuyards au combat, & animé à méme tems par l'exemple de fa valeur, à difputer également les courones de la victoire. Scipion toutefois, qui croyoit étre vaincu de fes enemis, quand il n'en triomphoit pas, ne pouuant plus fouffrir que l'ataque & la refiftance fuffent égales, s'abandonoit fi auant dans les perils, qu'à force de courage feulement, il épouuentoit les plus hardis; n'en ayant pas affez pour foutenir l'effort du fien inuincible. D'ailleurs comme il étoit fuiuy de Maffaniffa & de fa Caualerie, d'auffi pres que fon ombre; & qu'vn chacun à l'enuy, ayant fa valeur incomparable pour objet, s'eforçoit à l'imiter, ces efforts luy étoient fi vtiles, que peu à peu ils luy firent voir les preparatifs de fon Triomphe. Les Liguriens & les Gaulois, raliez diuerfes fois, fe mirent en deroute vne derniere; & deja le corps de la bataille d'Annibal émeu des cris des fuyars, auffi bien que des vainqueurs, commençoit à branler; lors qu'il vint luy-méme pour luy doner le mouuement, dont fa valeur luy faifoit les regles : Car fans mentir, apres auoir doné fes ordres, il les executoit le premier auec tant de courage, que les plus laches, qui n'ofoient encore toutefois auancer, fe fentoient mourir du regret de leur propre honte. Ce fut alors qu'au funefte combat de ces deux grands corps de bataille, des Carthagi-nois & des Romains, l'ataque en parut & fanglante & mortele: Tous animez d'vn méme honeur, combatant fous fes Enfeignes defendoient leur vie, pour defendre leur Patrie? & comme s'ils la portoient dans leur fein, auffi bien que l'amour qu'ils auoient pour elle, chacun fe fai-foit vne nouuelle épee de fa valeur, & vn fecond bouclier de fon

M

courage, pour vaincre son enemi, etant celuy·là méme de sa Republique.
Scipion , auoit beau paroître ce coup-là inuincible , l'on croyoit qu'Annibal étoit immortel : Et si l'vn franchissoit heureusement toute sorte de
perils, à force de valeur; l'autre ne trouuoit point d'obstacle qui s'oppo-
sat à son courage. Massinissa faisoit toujours des merueilles, & Roboranez
Lieutenant d'Annibal en augmentoit le nombre. Il est vray que les Romains habituez à vaincre, auoient bien quelque sorte d'auantage, soit
en leur adresse ; mais les Carthaginois aussi animez du souuenir de leurs
defaites continueles, & pressez encore de nouueau du desespoir de leur
salut, s'excitoient egalement par vn dernier effort, à resister à toutes leurs
ataques. De sorte qu'on voyoit de tous côtez des monceaux de morts, qui
peu à peu croissant, se formoient en montagnes. Et chose etrange, que la
mort qui étone les plus hardis, donat du courage aux plus laches, dans
cette funeste rencontre. Les Romains sans palir seulement fouloient les
corps mors de leurs compaignons, & s'en seruoient encore, comme d'vn
Theatre pour y representer dessus à leur tour, la tragedie de leur valeur,
en y faisant chacun le personage & de Soldat & de Capitaine: les Carthaginois aussi de méme atains de blessures morteles, paressoient si vaillans
dans leurs agonies, qu'ils combatoient toujours en mourant, comme si
leur courage inuincible leur communiquoit quelque nouuel esprit de
vie, pour resister encore quelque tems à la mort.

Quel funeste spectacle remplissoit egalement l'Air & la Terre, d'horreur & d'effroy, de cris & de plaintes, de douleur & de pitié, de sang &
de morts. Les vns seruant de Tombeau aux autres, les couurant d'eux-
mémes, rendoient leurs abois, faute de secours, sans étre blessez que de
leur cheute. Ceux-cy, n'ayant plus de bras se defendoient des pieds,
aymant mieux les employer de cette sorte à cét vsage pour conseruer
leur honeur, qu'à fuir pour sauuer leur vie. Et ceux-là tombez à terre,
seruant de pont & de chaussée dans vne mer de sang, à vn nombre infiny
de cheuaux qui passoient sur eux, auoient ce courage en jetant leurs
derniers soupirs, de les blesser d'vne derniere atainte ; comme s'ils pretendoient encore dans leurs agonies , à l'honeur du Triomphe.
On en voyoit d'autre qui blessez à mort vendoient cherement le reste
de leur vie employant ses derniers efforts à la vengence de ceux qui
les faisoient mourir.

Scipion & Annibal, tous couuers & de sang & de poussiere, se trouuoient également étonez dans vn combat de si longue resistance ; chacun pretendoit à la victoire, quoy que les auantages fussent diferens.
Ce qui les animoit de nouueau auec tant de violance, à faire parétre à
l'enuy les merueilles de leur courage , & les miracles de leur valeur

qu'eux mémes en fortant triomphans des perils qu'ils auoient franchis,
par vn excez de bon-heur, euſſent creu tous deux qu'ils étoient immor-
tels, ſi la mort n'eut ſans ceſſe immolé deuant eux leurs compaignons
de condition, & de Fortune. Les Carthaginois toutefois, deſtinez à
feruir de victime à la Iuſtice des Dieux, perdirent peu à peu courage, &
començant à reculer, leurs fortes ataques ſe terminerent tout à coup en
des foibles reſiſtances ; & puis en vne reſolution de fuite, qui pareſſoit
violente à la meſure des forces, dont ils étoient combatus & pourſuiuis.
Cette ſeconde déroute pourtant ne donant que des indices aux Romains du gain de la bataille, ils étoient toujours en atente de la victoire,
dont les Carthaginois laſſez, plutót que vaincus, diſputoient encore les
dernieres courones. Le nouueau deſordre que les Elephans cauſoient
dans leur Caualerie, termina enfin le combat à leur defauantage, & C.
Lælius qui ſe feruit à propos de cette ocaſion ſuiuant auec ſa Caualerie,
la cariere du Triomphe que ſes beſtes luy auoint faite, dona le dernier
branle à tout le corps de l'armée enemie, pour la ruïner par ſa fuite.

Annibal qui preuoyoit trop tard ſa defaite, auoit beau r'animer le
courage de ſes Soldats, au ſon effroyable de ſa voix enroüée, ils ne combatoient plus pour la victoire, mais plutót pour la defence de leurs vies,
& comme ils ne pouuoient agir qu'à la meſure de leurs forces, dont la
longueur du temps auoit peu à peu détruit la vigueur, tous leurs efforts
alantis en vn inſtant ne faiſoient qu'irriter de plus en plus leurs enemis,
qui les immoloient à leur fureur, ſans treuuer de la reſiſtance : De ſorte
que reduits à l'extremité de ſe ſauuer en fuyant, ils ſe reſolurent les vns
à l'exemple des autres, & tous enſemble à la fin par neceſſité, à prendre
ce party. Annibal tout tranſporté de cholere, ou plutót de fureur, &
de rage, dans vne telle rencontre, ſe voyant vaincu auec vn courage
inuincible, s'efforçoit encore à ralier en troupe ces fuyars, pour retarder
de quelque tems ſa defaite, plutót que pour remporter l'honeur du
combat. Et ſa conduite en cette rencontre auſſi admirable que ſa valeur
faiſoit voir encore de ſi puiſſans efforts de reſiſtance en tous les Soldats
qui le ſuiuoient, quoy qu'en petit nombre, que les Romains étoient
honteux au milieu de leur Triomphe d'en faire éclater ſi haut les cris d'a-
legreſſe, puis qu'Annibal tout ſeul à la fin, auoit la hardieſſe de les ataquer, de les combatre, & de leur reſiſter, comme ſi, ne pouuant
gaigner la victoire, il eut voulu forcer ſes enemis à confeſſer, que s'ils en
remportoient tout le profit, il auoit part à la gloire. La neceſſité le
contraignit toutefois à courre le ſort de ceux qui s'étoient ſauuez à la
fuite, conſiderant dans ſon mal-heur qu'il pourroit feruir ſa Patrie deſo-
lée, par ſes conſeils, puis que ſes armes n'auoient plus de puiſſance.

Scipion qui s'étoit laissé emporter à l'ardeur de son courage, dans la poursuite des fuyars, comme les voleurs d'vne partie de ses courones, se lassa à la fin en cette course, apres auoir assouuy sa genereuse fureur des victimes qui s'abandonoient à sa mercy, pour le vaincre de compassion, n'ayant pû en triompher d'autre sorte, & s'en reuint victorieux dans son champ de bataille, ou ses enemis méme mourants en foule, auoient erigé de leurs corps vn nombre infiny d'Autels à sa Renomée.

Mais representez vous maintenant d'imagination, & de pensée, le funeste spectacle de vingt mille hommes mors gisans sur la place, & tous couuers de leur propre sang. Iamais Scipion pourtant, quelque fortune qui l'eut acompagné en ses victoires, n'auoit pû treuuer qu'en ce seul objet, vn miroir qui representat au naturel & sa valeur & son courage. Ce qui l'eut obligé sans doute, d'arreter longtems ses yeux dessus, si son Ame vrayment genereuse, n'eut eu des sentimens de pitié, n'en pouuant plus auoir de cholere.

Le domage de cette defaite fut de tres-grande importance aux Carthaginois, ayant perdu auec la bataille l'esperance d'en doner vne autre, pour tenter la fortune vne derniere fois. Vingt mille hommes y demeurent sur la place, & l'on en fit autant de prisonniers. Cent trente-trois Enseignes furent le butin d'honeur de Scipion, auec vnze Elephans, comme destinez à trainer le char de son Triomphe. Ce vainqueur toutefois acheta cette fameuse victoire de dix mille Romains, mais pour sa consolation auec ce petit nombre de Soldats, il auoit defait tous les Carthaginois ensemble, ruiné Carthage & contraint Annibal à luy demander honteusement la paix.

Ce n'est pas que ce grand Capitaine, grand veritablement en toutes choses, n'eut éternisé tout à la fois, & sa gloire & son nom dans cette bataille, par des actions & de prudence & de valeur, qui n'eussent peu treuuer d'exemple, si Scipion ne l'eut tousiours preuenu, pour en acquerit la premiere loüange? quoy que luy méme aduoüat publiquement à l'auantage de ce fameux enemy, que dans sa defaite il auoit vaincu la Fortune, en luy arrachant par force des mains vne partie des couronnes de la victoire. Et en effet Annibal ce jour là se rendit si admirable à ses enemis, que souuent ils croyoient que ce fut Scipion, le voyant infatigable dans le trauail, inuuluerable dans le combat, inuincible dans le peril, & hors de pareil & pour la valeur & pour le courage. Cequi métoit à si haut prix la gloire de son vainqueur, qu'on ny pouuoit rien ajouter comme étant au plus haut degré de l'estime.

Le bruit de cette victoire remplit également Rome & Carthage, celle-là de joye, & celle-cy de tristesse: de sorte que les orphelins & les

vefues

vefues,qui portoient encore le düeil de la bataille de Canes,le quitant ce jour-là, de nouuelles veufues, & d'autre orphelins le prirent à leur tour, mais pour ne le quiter jamais, puis que leur perte étoit irreparable.

C. Lælius en porta les nouuelles au Senat de la part de Scipion, & jamais meſſager n'en fut chargé de plus agreables, ny de plus vtiles? auſſi furent-elles reçeuës auec tant d'alegreſſe de tout le Peuple, qu'il ſe fit à méme tems vn calandrier particulier pour y marquer vn nombre infiny de jours de féte, qu'il deſtinoit à celebrer celle d'vne ſi grande victoire, à l'honeur de la Republique, & à la loüange de Scipion.

Annibal étant r'apelé à Carthage, apres ſa defaite, repreſenta au Senat les miſeres de la Republique,auec des termes ſi preſſans, que d'abord il ſe fit faire ſilence, quoy qu'il peut étre interompu par le bruit des ſanglots & des ſoupirs, dont le peuple frapoit l'air inceſſament. Et comme il eut fait conoitre qu'on étoit reduit en état de demander la paix aux Romains auec humilité, il impoſa encore vn nouueau ſilence à ceux qui auoient déja la bouche ouuerte pour perſuader la guerre. De ſorte que d'vne commune voix, on enuoya dix Ambaſſadeurs vers Scipion, auec ordre expres de ne porter les intercts de la Republique que dans la ſoumiſſion, qui étoit deuë à ce ſuperbe vainqueur, s'humiliant pour Elle, juſques à ſes pieds, pour toucher ſon cœur genereux, à l'objet d'vne deferance ſi ſeruile.

Ils ne furent pas plutôt embarquez à ce deſſein, que rencontrant Scipion, qui aloit d'Vtique, au port de Carthage, pour l'épouuenter ſeulement de ſes regards, comme autant d'éclairs auancoureurs de la foudre, dont elle ſeroit bientôt reduite en cendre, ils aborderent ſa Nauire, & luy demandent audiance ; mais il leur fit réponce, qu'ils le vinſent treuuer à Tunes, où il aloit planter ſon Camp, & ſuiuant ſa route, ſe dona le contentement de voir de loin Carthage, cette ſuperbe, humiliée à ſes pieds, comme reduite à ſa mercy. Il arreſta long-tems les yeux deſſus, conſiderant le butin de ſa victoire, par le prix de cette conquéte, dont la defaite d'Annibal le métoit en poſſeſſion. Qui eut peu exprimer le contentement qu'il prenoit à voir en vn ſeul objet, les limites de ſon ambition, l'acompliſſement de ſes deſirs, & le ſuccez de ſes eſperances: Car ſur les ruines de cette ville il ſe contemploit aſſis ſur le Trone que ſa valeur luy auoit erigé, pour luy preſcrire ſouuerainement des loix de ſeruitude. Ce qui terminoit tout à coup ſes pretentions, ſoit pour ſon honeur particulier, ſoit pour l'vtilité de la Republique.

Il fit voile à méme tems toutefois, & s'en reuint à Vtique , d'où prenant ſa route vers Tunes, il eut aduis que Vermine, fils de Syphax, s'en venoit au ſecours des Carthaginois, auec vne nouuelle armée : Ce qui

l'obliga de luy aller au deuant fuiuy de toute fa Caualerie & d'vne partie
des legions Romaines, qui faifoient fes plus grandes forces.

La Fortune qui l'acompagnoit infeparablement par tout pour couroner fa valeur, le fit bientôt Triompher de ce nouuel enemy, apres l'auoir
defait auec toute fon armée, dont quinze mille hommes demeurent fur
la place. Quinze cens cheuaux Numidiens firent vne partie du butin de
cette victoire, fans conter douze cens prifoniers, & foixante douze
Enfeignes, qui en augmenterent de beaucoup & le prix, & la gloire.
Vermine toutefois plus heureux dans la fuite, que vaillant dans le combat, abandonant fa reputation, ayma mieux prolonger la vie, qu'encourir vn glorieux trépas.

Scipion tout chargé de lauriers s'en retourna à Tunes dans fon Camp,
n'ayant plus d'enemy à combatre. Annibal auoit beau regner encore
fouuerainement dans Carthage, il ne portoit le Sceptre de cette fouue-
raineté à la main que pour le metre aux pieds de fon vainqueur, puis
que tous les Carthaginois enfemble n'auoint d'autre liberté que celle
d'agreer les loix de feruitude qu'il leur voudroit impofer. Certes jamais
Capitaine Romain ne s'étoit veu ny fi glorieux, ny fi Triomphant que
Scipion. Reprefentez vous fon bon-heur, la Fortune n'auoit plus de
courones à luy doner: confiderez fa puiffance, toute la Terre en reconoif-
foit auec foufmiffion l'authorité. Si vous arreftez voftre efprit fur la
grandeur de fa Renomée, Elle faifoit tous les iours le tour du monde,
de même que l'aftre qui l'aiclairoit. Que fi Cæfar difoit de luy même,
qu'il étoit venu, qu'il auoit veu, & qu'il auoit vaincu. Scipion l'encherif-
fant de beaucoup, pouuoit fouftenir auec plus d'auantage Qu'étant venu
celebrer les funerailles & de fon Pere, & de fon Oncle, il auoit affifté
tout à la fois à celle de fes enemis, les ayant veu enfeuelir, apres auoir
vaincu vne derniere fois leur dernier Capitaine.

Les Ambaffadeurs Carthaginois cependant informez de la defaite de
Vermine, fils de Syphax, qui étoit tout leur apuy, n'auoient pas befoin
de nouueaux memoires pour terminer leur Ambaffade, puis que leur
mal-heur en cela, les intruifoit affez. Ils vindrent treuuer Scipion en fon
Camp à Tunes, où il leur dona audiance. Mais d'abord ne s'étant prepa-
rez qu'à garder humblement le filence, dans la foumiffion ou ils étoient
reduits pour faire parler leurs cœurs les premiers, comme beaucoup
plus éloquens que leurs langues. Ils temoignerent que le regret de leurs
fautes, auffi bien que l'excez de leur mal-heur les rendoit également &
muets, & confus, deuant vn Iuge fi feuere. De forte que demeurant
longtems à parler, quoy que leur action humiliée, eut déja comencé
leur harangue, ils obligerent Scipion de s'enquerir du fujet de leur

Ambaſſade. Alors preſſez de s'exprimer en autres termes, ils luy dirent
„ ſeulement : Qu'ils luy demandoient la paix, & qu'étant criminels &
„ malheureux, ils la receuroient & pour ſoulagement, & pour grace,
„ aux conditions qu'il luy plairoit.

Ces propoſitions, quelques juſtes qu'elles fuſſent, partagerent les
eſprits dans le Conſeil ; les vns concluoient à la ruine entiere de Carthage, & les autres à la punition ſeulement, apres luy auoir ôté le moyen
de comettre de pareille faute ; Et en effet chaque party auoit aſſez de
raiſons pour ſoutenir ſon aduis. Mais Scipion qui penetroit plus auant
& qui n'aſpiroit qu'à l'honeur de ſauuer Carthage, en la tenant toujours
captiue, comme vn objet continuel & de ſa clemence, & de ſa valeur,
reſolut de leur acorder la paix, s'y ſentant forcé d'ailleurs par la conſide-
ration du nouueau Conſul qui luy deuoit bientôt ſucceder, lequel ſans
doute, comme vn Riual de ſa gloire. paracheueroit à ſon auantage particulier, ce bel ouurage de victoire, & de Triomphe, que ſes ſoins & ſes
veilles auoient ſi heureuſement comencé. De ſorte que le lendemain, à
leur derniere audiance, apres leur auoir repreſenté l'enormité de leur
crime, & la juſtice que les Dieux auoient exercée pour les en chatier,
comme arbitres ſouuerains des querelles des Peuples, il leur propoſa
ces conditions de paix.

Qu'on les laiſſeroit iouïr de leurs anciens Priuileges auec toute ſorte
„ de liberté ; Que la poſſeſſion de toutes leurs villes & de toutes leurs
„ terres, dans leurs limites ordinaires, leur ſeroit conſeruée, & que de
„ ce même jour les Romains ny entreroient plus en armes, pour les
„ troubler dans leur jouïſſance : Qu'ils luy liureroient les Romains re-
„ uoltez, & refugiez dans leur pays, auec tous les priſoniers de guerre :
„ Qu'ils lui doneroint tous les vaiſſeaux armez d'eperon pour en diſpoſer
„ à ſa volonté, ſans ſe reſeruer que dix Galeres, comme auſſi tous leurs
„ Elephans domtez, apres s'étre engagez de promeſſe, de n'en domter
„ jamais d'autres : Qu'ils ne fairoient de là en auant aucune guerre, fut
„ ce dedans ou dehors l'Afrique ſans le conſentement du Peuple Ro-
„ main : Qu'ils rendroient à Maſſaniſſa tout ce qui luy apartenoit, en
„ contractant vne nouuelle aliance auec luy : Qu'ils doneroient la valeur
„ de ſix millions d'ecus en argent, à termes & payemens egaux durant
„ cinquante ans : Qu'ils rendroient les Nefs decharge qu'ils auoient priſes
„ durant la treve, auec tout ce qui eſtoit dedans : Qu'ils fourniroient le
„ bled neceſſaire à la nouriture des Soldats de ſon Camp, auec l'argent
„ pour payer la ſolde, juſques à leur retour de Rome : Et que de ſa part il
„ leur acordoit en atandant vne ſuſpenſion d'armes, apres luy auoir doné
„ cent oſtages de ſon choix, pour aſſeurance, de leurs promeſſes.

Ces conditions de paix, quelque austeres qu'elles fussent, ayant été reçeuës auec humilité, les Ambassadeurs s'en retournent à Carthage, ou en plain Senat la lecture en fut faite. D'abord les soûpirs & les larmes, les cris & les plaintes, leur reprocherent honteusement le mal-heureux succez de leur voyage, preferant la guerre à cette paix ; Et déja Giscon vn des plus signalez de l'Assemblée croyant s'en rendre encore d'auantage, s'efforça de persuader le peuple de prendre les armes, & de se perdre glorieusement auec sa Patrie, plutôt que de la voir captiue dans leurs mémes fers. Mais délors qu'Annibal parut sur la tribune des harangues, en action d'en vouloir dire son auis ; tout ce peuple tint son jugement en suspens, auant que se determiner à reçeuoir la paix, ou à consentir à la guerre. Et certes ce grand Capitaine parut si éloquent à exprimer le déplorable état de sa Republique, comme instruit par l'Experience, cette maistresse d'Echole qui n'a jamais fait de mauuais echoliers, que Giscon méme, vaincu le premier à force de raisons, n'eut pas le courage de se ressentir de l'afront qu'Annibal luy auoit fait, en le poussant du haut en bas des tribunes. Tous d'vne commune voix consentirent à leur seruitude, pour apaiser de leur soumission la cholere des Dieux. A quoy se pouuoient-ils resoudre, Scipion étoit à leurs portes, auec le flambeau d'vne main, & l'épée de l'autre pour les reduire en cendres, ou les noyer dans leur propre sang, & dans l'extremité d'encourir cette peine ? n'étoient-ils pas forcez de l'euiter par leur captiuité, puis que ses liens auoient cette vertu d'enchener auec eux la puissance de leur vainqueur, en luy ôtant la volonté de leur nuire. Ils suiuirent aussi le sage conseil d'Annibal, comme le plus interessé au salut de sa Republique, ayant vieilly dans les soins continuels d'en jetter de solides fondemens.

Les mémes Ambassadeurs Deputez vers Scipion, furent enuoyez à Rome pour obtenir du Senat la paix qu'il leur auoit fait esperer, aux conditions proposées & acordées ; mais apres leur audiance, il fut arreté qu'ils concluroient la paix auec luy, comme en ayant & l'authorité, & le pouuoir. Ce qui les fit metre de nouueau en chemin pour voir promtement vn heureux succez de leur Ambassade. Ils receurent toutefois du Peuple Romain le magnifique present de la rançon de deux cens prisoniers Carthaginois, choisis à leur discretion, parmy vn grand nombre d'autres, ayant doné ordre à cét effect à Scipion de les leur liurer, délors que la paix seroit arrestée, soubs la caution des ostages. Present certes digne de la grandeur d'vne si fameuse Republique.

Ce traité de paix si important conclu aux conditions proposées, & les ostages mis sous seure garde, les Carthaginois liurerent tous leurs vaisseaux aux Romains, fors dix Galeres, & Scipion eut le plaisir de voir de

loin

Ioin la fumée des flames qui les reduifirent en cendres par fon comandement. Et à n'en mentir point, les feux de joye qu'il auoit alumez de fa
propre main dans le Camp de Syphax, ne luifoient pas à fes yeux d'vn
éclat fi beau, puis que ceux-cy étoient autant de flambeaux mortuaires,
dont fa valeur fe feruoit pour celebrer vne derniere fois, les funerailles
de tous fes enemis.

Mais reprefentez-vous maintenant la trifteffe que le méme objet de
ces flames deuorantes caufoit dans les cœurs des Carthaginois, qui en
étoient les fpectateurs. Certes ils pouuoient bien dire que ç'étoient autant de Buchers alumez pour embrazer Carthage, puis que fon honeur,
fa reputation, fa force, & fa puiffance faifoient naufrage fur l'eau, auec
tous fes vaiffeaux, dans ce deluge de feu. Quel fuplice de fe voir contraint à force de mal-heur, & de mifere, d'executer fur foy-méme vn
Arreft & de ruine & de captiuité. Carthage jadis triomphante fe condamnoit elle méme à porter eternellement les pefantes chaines d'vne
honteufe feruitude. Que dis-je, qu'Elle fe condamnoit, on la contrai-
gnoit encore par vn furcroy d'infortune, à fournir le bois du bucher qui
la deuoit reduire en cendres? qu'eut-on fçeu ajouter à fa defolation. Mais
quoy? la Iuftice des Dieux ne pouuant treuuer des limites pour leur ven-
geance, dans le tombeau de fes criminels, Elle vouloit encore que la terre
de leur naiffance fut vn nouueau fepulchre de leur gloire, ou la Pofterité
leut ces veritez pour Epitaphe. *Que l'Afrique conquife, qu'Annibal vaincu,*
& la perfidie des Carthaginois punie, par la valeur de Scipion, fa Clemence feule
auroit fauué Carthage, apres l'auoir affujetie pour vne eternité, fous les loix
de l'Empire Romain.

Enfin Scipion eut feul l'honeur, apres tant de batailles, où la plus
grande partie du monde auoit été immolée pour affujetir l'autre, d'en
demeurer vainqueur, & triompher auec fa Republique de tout l'Vniuers. Il refpiroit heureux & content à la veille de ce beau jour, où fa
gloire dans fon éclat, deuoit parétre fur le Trone que l'on luy auoit preparé: Et Rome méme, voulant feruir de Theatre à cette Magnificence,
quoy qu'Elle en fut le fujet, s'étoit deja parée de fes plus riches ornemens
à l'honeur d'vne fi grande féte, ou plutôt à l'auantage de celuy pour qui
feul, Elle la celebroit. Lors que les nouuelles de fes aproches depeuple-
rent tout à coup les villes & les villages voifins, atirant tout le monde à
fon admiration, au feul bruit de fa Renomée. De forte que Rome, qui
la premiere auoit fait les preparatifs de fon Triomphe, fut la derniere à
le reçeuoir, avant été preuenuë de toutes les autres, qui à l'enuy luy
firent des entrées de cris de joye, & d'aclamations d'alegreffe, dont le zele
fupleant au defaut de la pompe ne fut pas moins agreable.

O

Veritablement Scipion comença d'entrer en triomphe dans Rome, délors qu'il mit pied à terre, pour entrer dans l'Italie : Car comme il portoit la paix auec les chaines, dont il auoit affujety tous ceux qui étoient capables de luy faire la guerre, on couroit en foule au deuant de luy, & les Enfans méme, qui ne pouuoient marcher, animez de l'exemple de leurs Meres, se faisoient porter sur leurs bras, pour contribuer de leur presence seulement, à vne rejouïssance si publique. Voicy l'ordre qui fut obserué à son entrée.

Vn grand nombre de Soldats armez richement, & couronez de chapeaux de fleurs, marchoient les premiers à la suite des Trompetes, qui au doux bruit de leurs fanfares excitoient la curiosité des plus malades à metre la téte à la fenétre, pour étre rauis, ou de joye, ou d'admiration. Deux cens chariots chargez des dépoüiles des enemis, & trainez par diuerses sortes d'animaux, qui suiuoient apres, éclatoient si fort en pompe, aux yeux du Peuple, qu'il en demeuroit tout éblouy. Douze Elephans se faisoient voir en leur rang, portant sur leurs dos les principales villes, representées en relief, que Scipion auoit prises d'assaut, ou conquises par la seule force de sa Renomée : Et à la veuë de ses superbes Citez, où l'Art faisoit admirer son chef-d'œuure, chacun auoit de la peine à conçeuoir la grandeur de la ville de Rome, puis que les plus belles d'Afrique, étoient encloses dans vne seule de ses ruës. Diuerses compagnies de Soldats couronez des courones d'or, que les villes sujetes & aliées du Peuple Romain leur auoient donées, pour recompense de leur valeur, paressoient en suite ; mais auec tant de grace, qu'en passant, chacun leur jétoit encore sur la téte de nouuelles courones de fleurs, pour les recompenser de nouueau. Vn grand nombre d'autres Elephans, & de Bœufs blancs, conduits par des esclaues, augmentoit toujours l'éclat de cette Magnificence. Les Princes Numidiens & les plus aparans des Carthaginois enchainez deux à deux auec des chaines d'or, marchoient à leur rang, & quoy que leur sort fut deplorable, se voyant reduits à vne si dure captiuité, ils étoient si fort consolez de la gloire de leur vainqueur, qu'ils subissoient ses loix sans contrainte. Tout le reste des Trompetes de l'Armée suiuoit quatre à quatre auec vne liurée de Triomphe, & le son qui en éclatoit dans l'air, le rendoit si doucement sensible aux oreilles, que les cœurs se treuuoient charmez aussi bien qu'elles, par l'effort d'vn méme rauissement. Les plus aparans de l'armée vestus d'vne Robe de pourpre, & couronez d'vne courone d'or, deuançoient le Char de Triomphe, où comme sur vn Trone tout de lauriers, le Dieu Mars se faisoit admirer sous le visage de Scipion, ne pouuant étre representé au naturel, que par son Image. Son Char de Triomphe

auſſi éclatant que celuy du Soleil, étoit trainé par quatre cheuaux blancs.
Ie dy auſſi éclatant que le Soleil, puis que ce iûne vainqueur, qui étoit
aſſis deſſus, veſtu d'vne robe de pourpre, couuerte de pierres precieuſes,
& la téte couronée d'vne courone d'or, enrichie de diamans auec vn
Sceptre d'yuoire à la main, n'auoit pas moins de majeſté que ce Dieu de
lumiere ; Et ſans doute l'éclat dont il étoit enuironé, joint à la grace qui
animoit ſon action, l'eut fait prendre pour Apollon, ſi ſa valeur dont on
celebroit la féte, n'eut publié inceſſament au bruit de ces trompetes, & à
l'objet de tant d'enemis vaincus, que c'étoit en effet le Dieu Mars, en ayant
acquis toute la gloire. Sur de nouueaux chariots trainez par des Eſclaues,
il y auoit vn nombre infiny de Muſiciens, parez ſuperbement, qui chan-
toient & joüoient de diuers inſtrumens, auec tant de melodie, que les
eſprits charmez également, & par les yeux & par les oreilles, ne ſçauoient
à qui ſe rendre, ou à l'admiration de tant de raretez, ou à l'ouïe d'vne ſi
douce armonie. Le Portrait du Roy Syphax, qui étoit mort en priſon, ſe
voyoit éleué ſur vn Autel de Sacrifice, comme en ayant été luy méme la
juſtice des Dieux. Quatre eſclaues étoient chargez de ce fardeau. Annibal vaincu, ſe faiſoit voir en ſuite dans toutes les Enſeignes de ſon armée,
que ſes Soldats enchainez portoient ſur leurs épaules. Ce qui donoit vn ſi
grand éclat à ce Triomphe, que iamais Rome n'en auoit veu de pareil. Et
certes la defaite d'Annibal étoit vn trophée de ſi haut prix à Scipion, qu'il
ſe pouuoit dire vainqueur de tout le monde, puis que le ſeul Capitaine
qui l'auoit rempli du bruit de ſon Renom, luy auoit rendu les armes, auec
toutes les courones d'honeur, qu'elles luy auoient fait acquerir.

Deux cens chariots chargez d'or & d'argent monoyé, deuançoient les
Secretaires, les Treſoriers, & les autres Officiers de l'armée, veſtus à la
Romaine fort richement. Et à leur ſuite tous les Soldats diuiſez par bandes, portant ſur la téte des chapeaux de fleurs, & à la main vne branche
de laurier, terminoient la Pompe de ce Triomphe. Mais repreſentez-
vous pour ſa plus grande gloire, que Scipion à qui elle apartenoit en
propre, la poſſedoit ſi iuſtement, que ſes enemis méme changeant leur
enuie en admiration, afermiſſoient ſur ſa téte, & par leurs veux, & par
leurs loüanges, la riche courone qu'il en portoit. Il eſt vray que la conquéte d'Afrique, que la ſeruitude de Carthage, & la defaite de tous les
Carthaginois enſemble, rehauſoit de beaucoup l'éclat de ſa Renomée;
mais comme luy méme en auoit jeté les premiers fondemens ſur ſa vertu, Elle ſeule le rendoit vnique, & en ſa victoire, & en ſon Triomphe.
Les trophées de l'Afrique, de Carthage, & d'Annibal, étoient affectez
à ſa valeur, mais ceux de ſes paſſions domtées ſuiuoient inſeparablement
ſa perſone, pour le rendre ſans pareil, parmy ſes compagnons : ie veux

dire hors d'exemple, auec tous les Capitaines Romains qui auoient triomphé deuant luy. De sorte que ce vainqueur triomphoit sans y penser de Rome méme, puis que tout le peuple le reconoissoit secretment pour Souuerain? quoy qu'il n'eut d'autre authorité que celle de son merite.

Cette Pompe se termina auec les mémes cris de joye qui l'auoient comencée: Scipion fut acompagné dans le Capitole, où il traita magnifiquement le Senat, ses parens, & ses amis, selon les coutumes ordinaires; mais certes, quoy que tous les festins du monde ayent leur dessert, le lendemain Scipion eut seul cét auantage au dessus de ses Riuaux de se treuuer aussi grand dans sa Maison que dans le Capitole. Chose admirable de sa vertu, elle l'auoit mis en si haute consideration, que les plus vicieux le loüoient pour cacher leur vice seulement, puis que les loüanges qu'ils luy donoient rejalissant sur eux, les metoient en bone estime.

Il reçeut en suite tous les honeurs qu'il pouuoit esperer, soit dans la charge de Censeur qu'on luy dona, soit en celle de Prince du Senat, dont on le recompensa. Il fut aussi quelque tems apres éleu Consul vne seconde fois, & durant son regne n'ayant plus de sujet d'exercer sa valeur, il dona de l'employ à sa Prudence, à sa Iustice, & à toutes ses autres vertus, sans rechercher d'autre gloire, que celle qui étoit inseparable de ses actions.

Il ariua que durant le Consulat de L. Scipion, son Frere puisné, & C. Lelius, tous deux pretendans au Gouuernement de l'Asie, pour faire la guerre au Roy Antiochus, le Senat, apres diuers jugemens du merite & de l'vn, & de l'autre, fauorisa C. Lælius en cette dispute, Scipion l'Afriquain touché d'vn genereux ressentiment s'offrit d'étre Lieutenant de son frere, aymant mieux luy obeïr en cette guerre, qu'en laisser le comandement à vn autre: Et cette deferance digne de luy seul, l'éleua encore si haut, dans vne nouuelle estime, qu'il est croyable que le Peuple n'auoit pas moins de respect pour luy, que son Frere d'affection, apres auoir été preferé à C. Lælius, de cette sorte.

Ie ne vous diray pas maintenant l'heureux succez qu'eut cette guerre d'Asie, contre le Roy Antiochus, quoy qu'Annibal en fut & le conseil & l'apuy, il me suffit que vous sçachiez que ce Roy fut vaincu, & que de cette victoire si fameuse & si importante, L. Scipion en eut toute la gloire, & son Frere l'Afriquain tout le contentement. Ie ne vous representeray point aussi les Pompes de ce triomphe, pour ne m'éloigner pas de mon sujet. L. Scipion fut surnomé l'Asiatique, de méme que son Frere l'Afriquain, & tous deux furent les premiers qui eurent l'honeur de porter le surnom des Nations qu'ils auoient vaincus.

Scipion eut encore cét auantage d'étre eleu par deux fois, Prince du

Senat,

Senat, fans autre recomandation que celle de fa feule vertu ; honeur capable d'affouuir l'ambition des plus grands de la Republique. Mais à la fin, la méme gloire qu'il recherchoit en fes jûnes ans, feruant tout à coup d'objet à fon mépris, il fe voüa genereufement à la folitude pour treuuer le repos qu'il cherchoit. Ce qui faifoit dire de luy. *Qu'il n'étoit jamais moins feul, que quand il fe treuuoit fans compagnie.*

Ces grands Efprits tous de feu ne pouuant viure fur la terre, que comme ces Oyfeaux de Paradis, qui s'y atachent eux mémes pour y faire leur fejour? quelque tems, ne fongent jamais qu'à rompre cette attache du monde au deffert de ces feftins d'honeur, & de gloire, que la Fortune leur fait tous les jours, pour fe joindre comme des rayons au corps de leur lumiere. Ils ont beau habiter ces terreftres lieux, il faut de neceffité qu'ils s'y enchainent eux-mémes pour y faire leur demeure, puis que de leur nature ils s'éleuent fans ceffe & de defir & de penfée vers leur principe, pour y treuuer & leur repos & leur félicité.

Scipion fe fit vne folitude de fa maifon champétre, & l'on remarque qu'vne troupe de Pyrates, rauis du feul recit de fes faits glorieux, fe mirent en hazard d'eftre pris en prenant terre, pour le voir feulement; comme s'ils euffent efperé de faire vn riche butin de cette veuë. En effet ils en furent auffi telement fatisfaits, qu'ils n'eurent plus la curiofité de courre le monde pour en contempler les merueilles, puis que ce grand Capitaine en étoit l'ornement.

Il paffa le refte de fes beaux jours à l'Internum: ie dix beaux, ayant ferui de flambeau à la plus glorieufe vie du monde: ie dis encore à la plus glorieufe, puis qu'il reçeut au bout de fa cariere toutes les courones qu'il auoit fouhaitées en la començant. Ce bel Aftre; mais le plus éclatant qui parut jamais fur l'emifphere de cette Republique, apres s'être fait admirer en fon Orient, & adorer en fon Midy, trouue en fon Occident de nouueaux autels, déja erigez à fa memoire immortele. Rome toutefois fut fa fepulture apres luy auoir feruy de Berceau; Les Statuës de trois Scipions furent dreffées fur fon Sepulcre, & la fiene tenant le milieu que fa vertu luy auoit marqué, fes cendres eurent ce dernier honeur d'étre melées auec celles du Poëte Ennius fon fauory, comme l'étant des Mufes. C'eft le témoignage que Ciceron en donne, parlant du Grand Scipion, pour le diftinguer des autres, quoy que tous enfemble euffent été affis fur les degrez du trone que toutes les vertus luy auoient erigé. Ce qui obligea fans doute le Peuple Romain à les faire reprefenter en relief à l'entour de fon tombeau, puis qu'elles deuoient encor feruir d'ornement à fa memoire.

L'Hiftoire, ce fidele Regiftre de l'Eternité du Monde, a beau nous

repreſenter vn nombre infini de Grands Perſonages : ie dis grands,
les vns par leur Valeur, les autres par leur Eloquence ; ceux-là par leur
Sageſſe, ceux-cy par leur Magnanimité : Vne ſeule de ces qualités pourtant faiſoit toutcleur Renomée ? Mais aujourd'huy en noſtre Scipion, la
Valeur, l'Eloquence, la Sageſſe, la Magnanimité, la Continence encore,
& la Iuſtice, ſe rendoient admirables toute enſemble dans ſon Ame,
pour en faire vn abregé de toute ſorte de perfections.

De vous dire auſſi auec Polibe, que ſi la Macedoine n'a veu qu'vn
Alexandre, l'Italie n'a eu qu'vn Scipion, mais ie paſſe plus outre, &
ſoutiens que Rome a receu plus de gloire à luy ſeruir de Berceau
que de Trone à l'Empire du monde ? Quelle merueille, qu'vn homme
ſans cognoiſtre Dieu, ait vécu ſi diuinement en terre, qu'il n'ait iamais
été capable d'amour que pour la vertu, ny de haine que pour le vice.

Qu'vn homme, diray-ie encore, ſans l'aide de la grace, ait poſſedé ſi
eminement toutes celles de la Nature, qu'elle méme en ait fait ſon chef-
d'œuure, pour ſeruir d'ornement à tout l'Vniuers. Ie veux qu'on ait remarqué des táches dans le Soleil, ie defie tous ces clairs-voyans de nous
en faire voir vne ſeule dans la vie de ce grand Capitaine. Ce n'eſt pas
qu'il ne fut homme comme les autres, mais il auoit cét auantage par deſſus tous enſemble, apres s'étre vaincu le premier, de n'auoir iamais eu de
compaignon en cette ſorte de triomphe. De moy ie le trouue ſi acomply
en toutes choſes, que la ſeule Hiſtoire de ſa vie eſt ma Morale, & ie ne
changeray iamais d'Echole, ayant vn Maiſtre ſi ſçauant.

F I N.